Thomas Haupt

Nymphensittiche

Fotos: Karin Skogstad
Zeichnungen: György Jankovics

TYPISCH
NYMPHENSITTICH

- Apartes Aussehen durch spitze Federhaube

- Recht gesellig mit Artgenossen

- Gut verträglich und gesellig

- Schwarze Knopfaugen und dezente Farben

- Unternehmungslustig und neugierig

- Schlanke Gestalt

- Junge sind Nesthocker

- Leicht zu halten, einfach zu züchten

- Laute Stimme ist gewöhnungsbedürftig

- Braucht für seine Gesundheit Freiflug

Aufgrund seines netten Wesens, seiner leichten Züchtbarkeit sowie seiner einfachen Haltung ist der Nymphensittich ein idealer »Einsteigervogel« in die Vogelhaltung und steht in der Gunst von Vogelliebhabern ganz oben. Seine Anpassungsfähigkeit und seine Verspieltheit machen ihn nicht nur für Züchter interessant, sondern auch als Heimtier geeignet. Auch für Kinder ist er ein guter Kamerad und ein Freund für alleinstehende Menschen.

1 Nymphensittiche können 15 bis 20 Jahre alt werden. Wollen Sie so lange Verantwortung dafür übernehmen?

2 Käfige und auch Zimmervolieren haben ihren Preis. Können Sie sich dies und vor allem die laufenden Kosten leisten?

3 Käfige müssen gereinigt, Futter und Wasser täglich gewechselt werden. Können Sie sich täglich darum kümmern?

4 Nymphensittiche sind gesellige, sozial lebende Tiere. Können Sie diesen Bedürfnissen nachkommen und dem Vogel täglich Beschäftigung und Sozialkontakt bieten?

5 Beim Freiflug in der Wohnung kann es zu Verschmutzungen kommen. Holzgegenstände und Möbel werden eventuell benagt. Können Sie sich damit abfinden?

6 Auch wenn ein Nymphensittich für Kinder geeignet ist, um Verantwortungsbewußtsein zu erlernen, so muß die Pflege des Tieres trotzdem von einem Erwachsenen täglich überprüft werden.

7 Haben Sie eine Pflegestelle oder eine Pflegeperson, die sich während Ihres Urlaubs um den Vogel kümmert?

8 Bei Krankheit des Vogels entstehen durch Tierarztbesuch und Medikamente eventuell Mehrkosten. Ist dies zu bewerkstelligen?

9 Haben Sie bereits Heimtiere, mit denen sich der Nymphensittich nicht versteht?

10 Gibt es bei Familienmitgliedern oder anderen Hausbewohnern gesundheitliche Probleme wie Federstauballergie, Lärmbelästigung, Abneigungen gegen Tiere?

Einer oder zwei Vögel?

Nymphensittiche sind sehr gesellig und haben ein großes Bedürfnis nach Sozialkontakten. Dieses zu befriedigen, ist nicht immer einfach, besonders wenn man öfter außer Haus ist. Die Lösung wäre, sich zwei oder gar mehrere Vögel anzuschaffen – vorausgesetzt, Sie haben genügend Raum.

Einzelne Vögel schließen sich an den Pfleger enger an als mehrere Tiere, verlangen aber auch sehr viel Zuwendung und Aufmerksamkeit. Können Sie diese Zeit nicht täglich aufbringen, so sollten Sie mindestens zwei Vögel halten.

Bei der Haltung eines Pärchens kann das Weibchen Eier legen, auch wenn Sie keine Zuchtabsichten hegen. Für die Zucht von Nymphensittichen ist allerdings eine Genehmigung durch das örtliche Veterinäramt nötig (→ Seite 36). Ferner sollten Sie sich überlegen, ob Sie Abnehmer für Ihre Jungvögel haben?

Zwei gleichgeschlechtliche Tiere (egal ob Männchen oder Weibchen) vertragen sich in der Regel genauso gut wie ein Pärchen. Dies gilt besonders, wenn die Tiere jung zueinander kommen.

ANSCHAFFUNG UND EINGEWÖHNUNG

Durch seine lustige Federhaube und die schwarzen Knopfaugen wirkt der Nymphensittich wie ein kleiner, frecher Kobold. Und mit seinem aufgeweckten Wesen erobert er die Herzen seiner Pfleger im Sturm. Damit er sich bei Ihnen wohlfühlt, müssen jedoch bestimmte Voraussetzungen erfüllt werden.

Die Herkunft

Die Heimat des Nymphensittichs ist Australien. Er bevorzugt dort als Lebensraum offenes Gelände, jedoch gern in Gewässernähe. In Getreideanbaugebieten ist er häufig. Die Vögel leben meist paarweise oder in kleinen Schwärmen. Bei Wanderungen und an Wasserstellen können jedoch bis zu 1000 Vögel zusammenkommen.

Auf ihren Streifzügen durch das ganze Land kommt ihnen ihr überaus gutes Flugvermögen zugute. Während des geradlinigen und schnellen Fluges halten sie durch laute Rufe ständig Kontakt mit den Artgenossen. Auf den Boden kommen sie nur zum Fressen und Trinken. Hier sind sie wegen möglicher Feinde sehr scheu.

Nymphensittiche ernähren sich von Gras- und Unkrautsamen, Früchten und Getreide. Fällt ein Schwarm in ein Getreidefeld ein, können die Tiere großen Schaden anrichten. Bei vielen Farmern sind sie deshalb nicht gerade beliebt.

In Australien brüten Nymphensittiche meist zwischen August und Dezember. Auslöser dafür sind genügend Futter und Wasser. Als Höhlenbrüter legen sie ihre Nester in Astlöchern alter Bäume an. Nymphensittiche zeigen kein strenges Revierverhalten, sie verteidigen nur den unmittelbaren Nesteingang gegen Artgenossen. Dadurch können auch mehrere Paare übereinander in Höhlen des gleichen Baumes brüten.

Wie der Nymphensittich zu uns kam

Bereits um 1840 gelangte *Nymphicus hollandicus*, wie der Nymphensittich wissenschaftlich heißt, nach Europa. Um die Nachfrage von Zoos und Privatleuten nach dieser Sittichart zu decken, wurden anfangs Jungtiere aus den Nestern genommen oder ganze Schwärme gefangen. Da der lange Schiffstransport damals aber noch hohe Verluste forderte, begann man, die Vögel zu züchten.

Die Erstzucht in Deutschland gelang um 1850. Nachdem das anfängliche Problem mit den Nistmöglichkeiten behoben war, bereitete die Zucht keine sonderlichen Schwierigkeiten mehr. Dies war gut, denn im Jahre 1894 erließ die australische Regierung ein Ausfuhrverbot für alle heimischen Tiere. Heute gilt die Art als domestiziert und unterliegt keinen Artenschutz-Verordnungen.

Nymphensittiche sind verspielte Kobolde. Geeignetes Spielzeug vertreibt Langeweile.

Wo Sie Nymphensittiche bekommen

Nymphensittiche werden in guten Zoofachgeschäften angeboten. Dort können Sie auch
meist unter mehreren Nymphensittichen der
verschiedenen Farbschläge (→ Seite 12) aus-
wählen. Auch bei seriösen Züchtern können
Sie Nymphensittiche erwerben. Ein guter Zoofachhändler und ein verant-
wortungsbewußter Züchter ver-
fügen über solides Fachwissen
und sind bemüht, nur ge-
sunde und einwandfreie
Tiere anzubieten. Außer-
dem kommen hier
ausschließlich Jung-
tiere zum Ver-
kauf. Dies ist
wichtig, wenn das
Tier zahm werden soll. Auch in den
Zooabteilungen von Warenhäusern
und Gartencentern können Sie
Nymphensittiche erwerben.
Ich rate ab, einen Nymphensittich
über den Postweg zu erwerben. Die
Tiere sind gestreßt und krankheitsan-
fällig; außerdem haben Sie keine Gelegenheit, den Vogel oder seine Artgenossen vor dem Kauf im Käfig
betrachten zu können.

Augen auf beim Kauf

Beim Kauf Ihres Tieres sollten
Sie sich Zeit lassen und die zur
Auswahl stehenden Vögel genau beobachten. Sprechen Sie mit dem Verkäufer oder
dem Züchter.

*Die geschickten Turner
nutzen jede Gelegenheit
zum Klettern.*

Darauf sollten Sie achten:
✔ Zeigen einige Tiere Anzeichen von
Krankheiten, sind aufgeplustert oder sitzen teilnahmslos in einer
Ecke, so sollten Sie keinen
Vogel erwerben. Die Ge-
fahr, ein krankes Tier zu
bekommen, ist groß.
✔ Achten Sie darauf, daß
beim Aussuchen Ruhe
herrscht. Nymphensittiche
sind Fluchttiere. Ist Lärm und Hektik im Raum, sitzen alle Tiere, auch
die kranken, mit angelegtem Gefieder da,
um einem möglichen Feind nichts über
ihren Zustand zu verraten.
✔ Alle Papageienvögel mausern allmählich ihr Federkleid. Dies bedeutet,
daß das Gefieder immer vollständig sein
und glatt anliegen muß, außer beim
Schlafen. Hier darf das Gefieder leicht
geplustert sein. Tiere mit kahlen Stellen
oder mit Gefiederschäden werden gern
als »in der Mauser« angeboten. Dabei
handelt es sich aber meist um einen
kranken Vogel.
✔ Alle federlosen Teile, wie Schnabel, Füße
und Kloake (= After), sollten frei von Auf-
lagerungen sein (Gefahr von Grabmilben,
→ Seite 53).
✔ Die Verkaufskäfige sollten groß genug,
sauber und hell sein,
✔ Ist genügend und vor allem saube-
res Futter und Wasser vorhanden?
✔ Ist Sand als Bodenbelag einge-
streut?
✔ Beobachten Sie das Verhalten der
Vögel. Schlafen die meisten Tiere,
sind einige davon stark aufgeplustert,
herrscht drangvolle
Enge im Käfig?

✔ Können die Vögel ihrem Bewegungsdrang und Flugdrang wenigstens etwas nachgehen und machen sie dies auch?
All diese Beobachtungen und Fragen sind wichtige Entscheidungshilfen beim Vogelkauf. Sagen Ihnen das Zoogeschäft oder der Züchter, seine Tiere oder seine Käfiganlagen nicht zu, so kaufen Sie dort kein Tier, auch nicht aus Mitleid. Der Neuerwerb eines Hausgenossen sollte nicht gleich mit dem frustrierenden Besuch beim Tierarzt starten. Ein vernünftiger und seriöser Händler oder Züchter wird aber auch nicht versuchen, Sie zu überreden.

Männchen oder Weibchen?

Halten Sie den Nymphensittich zu Ihrer Freude, ist das Geschlecht des Tieres in der Regel nicht so wichtig. Das gilt auch, wenn Sie ihn als

Unter Artgenossen fühlen sich Nymphensittiche immer noch am wohlsten.

Jungvogel erwerben, da beide Geschlechter gleichermaßen zahm werden.
Legen Sie jedoch Wert auf Nachahmungsgabe und Pfeifen, sollten Sie sich einen Hahn, wie das Männchen genannt wird, zulegen. Zum Repertoire seines Balzverhaltens gehört, dem Weibchen den »Hof zu machen« und einiges, was er hört, nachzuahmen. Zur Nachahmungsgabe des Nymphensittichs → Seite 51.
Wenn Sie züchten wollen, müssen Sie auf das Geschlecht des Vogels achten. Die Bestimmung bereitet eigentlich nur bei Jungvögeln Schwierigkeiten, denn hier sehen Männchen und Weibchen noch fast gleich aus. Die Geschlech-

T I P

Den richtigen Nymphensittich auswählen

Kennzeichen eines gesunden Nymphensittichs:

✔ Glattes, anliegendes Gefieder.
✔ Lückenloses Gefieder, auch bei Jungvögeln. Nymphensittiche sind beim Verlassen des Nistkastens immer voll befiedert, es sei denn, es liegen irgendwelche Störungen vor.
✔ Klare Augen ohne Ausfluß.
✔ Nase ohne Ausfluß.
✔ Kloake (After der Vögel) sauber, nicht kotverschmiert.

Anzeichen für eine Krankheit sind:

✔ Lustloses, stilles Verhalten.
✔ Struppiges, gesträubtes Gefieder.
✔ Durchfall.
✔ Verklebte Augen.

Aus einem Käfig mit kranken Vögeln sollten Sie kein Tier erwerben, denn es könnte bereits infiziert sein.

ter, vor allem ältere und wildfarbene Tiere, unterscheiden sich hauptsächlich in der Farbe der Maske; so wird die Gesichtspartie genannt, die sich in der Farbe beim Männchen stark vom Grundgefieder abhebt. Diese ist bei älteren Männchen gelb, bei Weibchen matt gelb und grau überhaucht, bei Jungvögeln noch sehr blaß. Den Wangenfleck haben beide Geschlechter, bei älteren Männchen ist er aber intensiver gefärbt. Erst mit etwa 8 bis 9 Monaten färben sich die Gesichter der Jungvögel um. Außerdem haben die Weibchen eine gelb-schwarz quergebänderte Schwanzunterseite, die Säume der

Schwanzfedern sind weißlich, während sie beim Männchen grau gefärbt sind. Sind Sie unsicher, welches Geschlecht der erwählte Vogel hat, fragen Sie den Zoohändler oder Züchter.

Welche Farbschläge zur Wahl stehen

Seit der Nymphensittich gezüchtet wird, sind verschiedene Gefiederfarben entstanden, die sich mehr oder weniger stark vom Wildtyp unterscheiden. Farbabweichungen von der Wildfarbe kommen auch in der Natur vor, ihre Träger haben aber in der Regel keine großen Überlebenschancen und somit auch keine Möglichkeit, sich fortzupflanzen. Dies ist in Gefangenschaft anders. Hier kann der Züchter gezielte Verpaarungen vornehmen, um bestimmte Merkmale zu fördern oder verschwinden zu lassen. Für welchen Farbschlag Sie sich entscheiden, ist Geschmackssache. Auf Wesen, Talent und Psyche hat die Farbe keinen Einfluß. Lediglich die Geschlechtsbestimmung ist bei einigen Farben schwieriger.

Im folgenden werden nur die häufigsten Farben vorgestellt.

Wildfarbene Vögel sind überwiegend grau; Brust und Bauch können blasser sein, einige haben einen braunen Anflug. Haube sowie Gesichtsmaske (Färbung von Stirn und Gesicht) der Männchen sind kräftig gelb, während die Maske der Weibchen gräulich ist. Beide Geschlechter haben einen orangefarbenen Ohrfleck, der beim Männchen intensiver gefärbt ist. Die Unterseite der Schwanzfedern ist bei Weibchen gelb, aber stark dunkelgrau marmoriert. Jungvögel ähneln den Weibchen. Junge Männchen haben aber mehr gelbe Federn im Kopfbereich. Sie färben mit etwa 8 Monaten um. Bei Lutinos sind bis auf Gelbanteile keine Farben im Gefieder erhalten geblieben. Die Tiere wirken dadurch gelblich. Es liegt also kein totaler Farbausfall wie bei Albinos vor. Sie haben aber rote Augen. Durch Paarung untereinander entstand die für diesen Farbschlag typische Glatzenbildung, die durch Verpaarung mit anderen Farbschlägen an diese weitervererbt wird. Die Vererbung der Farbe Lutino ist an das weibliche Geschlechtschromosom gebunden. Dies bedeutet, daß einige Erbanlagen und Merkmale nur Weibchen zeigen.

Das Erscheinungsbild der Schecken ist relativ uneinheitlich. Die Vögel haben unregelmäßig große und über den ganzen Körper verteilte, weiße Flecken auf dem Gefieder.

Die Zimter sind wahrscheinlich zuerst in Neuseeland aufgetreten. Bei ihnen ist der Grauanteil im Gefieder aufgehellt, der ganze Körper ist zart zimtfarben

überhaucht. Alle anderen Gefiederpartien entsprechen denen des wildfarbenen Nymphensittichs. Die Nestlinge haben noch rote Augen, dieses Merkmal verliert sich aber im Lauf der Zeit. Auch dieser Farbschlag wird geschlechtsgebunden vererbt.

Obst und Gemüse gehören zur ausgewogenen Ernährung eines Nymphensittichs.

Die Farbvariante »Geperlt« wurde erstmals um 1967 in Deutschland gezüchtet. Die Vögel haben auf Rücken, Kehle, Brust und Bürzel graue, hell umrandete Federn oder helle Federn mit dunklen Rändern. Dies gibt den Nymphensittichen ein geschupptes Aussehen. Die Haube ist dunkel. Junge Männchen ähneln noch geperlten Weibchen. Werden sie erwachsen, verliert sich die Perlung, die Männchen sehen wie wildfarbene Tiere aus.

Die Gesäumten wurden aus den Geperlten herausgezüchtet. Alle hellen Federn sind dunkel gesäumt. Dieses Merkmal bleibt bei erwachsenen Weibchen, verschwindet aber bei den Männchen. Vögel, deren helle Federn intensiv gelb sind, heißen Goldgeperlt beziehungsweise Goldgesäumt.

Bei Silberfarbenen handelt es sich um Vögel mit einem hellen Silbergrau. Sie sind kaum von hellen wildfarbenen Vögeln zu unterscheiden. **Achtung:** Bei der Verpaarung zweier Silberfarbener miteinander stirbt aufgrund eines Letalfaktors ein Teil der Jungen schon im Ei ab.

Weißköpfen jeden Alters fehlt jeglicher Gelbanteil, auch das Orange, im Gefieder. Dadurch erscheint die Maske beim Männchen rein weiß. Der Kopf des Weibchens ist hell grau. Sogar Nestlinge haben weiße Dunenfedern. Diese Mutation trat erst um 1978 in Deutschland auf.

Albinos sind pigmentlos, also rein weiß, und haben rote Augen. Schnabel und Krallen sind weißlich. Dieser Farbschlag entstand durch die Kreuzung von Weißköpfen mit Lutinos.

Alle Farbschläge kann man untereinander kreuzen. Dadurch entstanden weitere Farbschläge wie Creme- oder Isabellfarbene, Weiße (die eigentlich ganz hellgelb sind), Gelbe Schwarzaugen, Zimtschecken und Zimtweißköpfe.

NYMPHENSITTICHE

Nymphensittiche werden unterdessen in vielen verschiedenen Farbschlägen gezüchtet. Auf ihr Verhalten und Temperament hat die Gefiederfarbe aber keinen Einfluß.

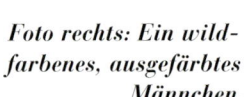

Foto rechts: Ein wild-farbenes, ausgefärbtes Männchen.

Foto links: Ein geperlter Nymphensittich am Apfel.

Foto links unten: Der geperlte Vogel fordert den Gescheckten zum Kraulen auf.

Foto oben: Ein Lutino beschäftigt sich mit eine[r] Kolbenhirse.

Foto unten: Zwei Schecken fressen friedlich an einer Kolbenhirse.

Foto oben: Ein Lutino und ein geschecktes Weibchen zanken sich um die Kolbenhirse.

Ein wunderschöner Schecke.

Foto oben: Links Wildtyp, rechts Geperlter.

Foto links: Links ein Lutino, rechts ein Wildtyp.

Rechtsfragen

Stehen im Mietvertrag keine speziellen Klauseln über die Tierhaltung, so können Sie davon ausgehen, daß Sie die üblichen Heimtiere wie Goldhamster, Meerschweinchen, Kanarienvögel und Sittiche in der Wohnung halten dürfen. Nehmen Sie jedoch Rücksicht auf Ihre Nachbarn. Nymphensittiche können recht laut sein. Sie als Tierhalter haften für Schäden, die zum Beispiel durch den Biß Ihres Nymphensittichs entstehen.

Der Kaufvertrag ist sowohl schriftlich als auch mündlich rechtsgültig. Stellt sich bei der Übergabe des Nymphensittichs heraus, daß er krank ist oder einen Fehler hat, können Sie vom Kauf zurücktreten.

Nach der geltenden Psittakose-Verordnung, dem Gesetz zur Eindämmung und Bekämpfung der auch für den Menschen gefährlichen Papageienkrankheit, müssen Nymphensittiche beringt sein, damit man zurückverfolgen

kann, welcher Halter der Verursacher der Krankheit ist, und daß man dessen Bestand therapieren kann.

Der Käufer eines Papageis muß beim Zoohändler beziehungsweise Züchter seinen Namen und seine Anschrift hinterlassen. Diese wird zusammen mit der Ringnummer des Vogels (die nur einmal vergeben wird) in einem amtlichen Nachweisbuch notiert und muß aufbewahrt werden.

Es gibt zwei Arten von Ringen: Der amtliche Ring, der dem schon größeren Vogel angezogen wird, trägt eine Nummernkombination. Der Ring einer Züchtervereinigung ist rundum geschlossen und wird dem Sittich im Nestlingsalter übergezogen. Wenn die Beine wachsen, kann man den Ring nicht mehr entfernen. Auf diesen Ringen ist in der Regel eine Jahreszahl vermerkt, meist das Geburtsjahr des Tieres. Da der Nymphensittich nicht zu den im Washingtoner Artenschutzabkommen geschützten Papageien- und Sitticharten zählt, benötigen Sie bei seinem Kauf keine sogenannten CITES-Papiere, eine Art Personalausweis für bedrohte Tierarten.

Die richtige Behausung

Bevor Sie sich einen Vogel zulegen, sollten Sie bereits den Käfig und die übrigen Einrichtungsgegenstände anschaffen.

Zur Größe kann ich Ihnen nur Mindestmaße nennen, er sollte nicht kleiner als 60 x 40 x 60 cm für einen Vogel sein. Als Richtlinie kann gelten: Der Vogel muß im Käfig seine beiden Flügel ungestört ausbreiten können. Der Schwanz sollte nicht ständig mit den Gitterstäben in Berührung kommen. Deshalb sollten

Das Strecken von Flügeln und Schwanz dient der Entspannung.

Sie die Stangen nicht zu dicht an den Käfig-
enden anbringen. Die Höhe ist eigentlich zweit-
rangig, ein aufrechtes Sitzen sollte für den
Vogel jedoch immer möglich sein.

Käfigverzierungen sind oft unzweckmäßig und
störend und höchstens für den Besitzer ge-
dacht. Der Nymphensittich kann damit nichts
anfangen.

Der Grundriß des Käfigs sollte rechteckig sein.
Runde Käfige gehören ins Museum. Sie bieten
den Vögeln durch die senkrechten Gitterstäbe
keine Klettermöglichkeiten und durch den relativ kleinen Radius auch nicht ausreichend Raum
für Bewegung.

Der Käfig sollte wenigstens zwei Türen haben,
die nicht zu eng sein dürfen, sonst werden die

*Die waagerechten Gitterstäbe des Käfigs
bieten den Vögeln Klettermöglichkeiten.*

täglichen Arbeiten im Käfig zum Verrenkungs-
akt. Auch die Gefahr des Entweichens rechtfer-
tigt keineswegs kleine Türen.

Die Schubladen des Bauers sollten gut gängig
sein.

Ein größerer Käfig sollte auf einem Rollenge-
stell stehen. Dadurch können Sie bequem han-
tieren und ihn auch mal auf den Balkon oder
ans Fenster schieben, um dem Vogel etwas Abwechslung zu bieten. Zugluft und Sonnenbe-
strahlung, der der Vogel nicht ausweichen
kann, muß jedoch vermieden werden.

Sitzstangen

Sie sollten so dick sein, daß die Vögel sie mit den Füßen nicht umgreifen können. Dadurch werden die Krallen besser abgenutzt. Verwenden Sie am besten Naturholzäste und -zweige. Ihre unregelmäßige Beschaffenheit stellt eine Art Massage für die Füße dar, durch das Benagen der Rinde nehmen die Vögel Mineralstoffe auf, außerdem dient dies der Beschäftigung. Äste von Nadelhölzern sind zwar ungiftig, aber trotzdem ungeeignet, da sie oft stark harzen. Dadurch kann das Gefieder verkleben; und Harz im Verdauungstrakt kann den Tod des Nymphensittichs zur Folge haben. Auch die Anzahl der Stangen ist für das Wohlbefinden des Tieres wichtig, denn zuviele Stangen engen seine Bewegungsmöglichkeiten ein. Sinnvollerweise sollte eine Stange oben, eine zweite etwas tiefer und eine dritte wieder weiter oben angebracht sein. Der Abstand zwischen den Sitzstangen sollte so groß sein, daß der Vogel nicht ständig mit seinem Schwanz daran stößt. Dadurch wird das Gefieder zerstört. Die Äste dürfen nicht zu tief angebracht werden. Vögel sitzen gerne hoch, sie können dadurch ihre Umgebung besser im Auge behalten. Nur vor den Futternäpfen befinden sich tiefer angebrachte Sitzstangen.

Der Futternapf

Stellen Sie mindestens 3 Futternäpfe auf für die Futtersorten Trockenfutter und Obst/Keimfutter sowie für Wasser. Sie können aus Metall, Hartplastik oder Ton sein. Wichtig ist, daß sie für die Vögel in der Größe passen und vor allem gut zu reinigen sind. Tägliche Futter- und Wasserkontrolle und Auffüllen der Gefäße sind ein unbedingtes Muß. Futterspender sind nicht so günstig, da sie verstopfen können. Sie verführen zu dem trügeri-

Zu zweit schmeckt es den Nymphensittichen am besten.

schen Sicherheitsgefühl, der Vogel habe genug Futter, obwohl er an frische Körner gar nicht herankommt.

Vogelsand

Diesen benötigt der Vogel, um ausreichend Mineralien aufzunehmen. Sie sollten einerseits den Boden des Käfigs damit ausstreuen, andererseits Sand auch immer in einem gesonderten Schälchen zum Verzehr bereitstellen. Das im Handel erhältliche Sandpapier als Bodenbelag bietet nicht ausreichend Möglichkeit, Sand aufzunehmen. Außerdem schädigt es die

Haut an den Füßen. Dies gilt auch für Sandpapier, das zum Abnutzen der Krallen für die Stangen angeboten wird. Der Schaden überwiegt hier eindeutig den geringen Nutzen. Sollten Sie Zeitungspapier oder ähnliches als Bodenbelag verwenden, müssen Sie darauf achten, daß der Vogel nicht zuviel davon frißt.

Spielsachen

Zur Beschäftigung sollten Sie Ihrem Nymphensittich unzerbrechliche Spielsachen aus Metall oder Hartholz anbieten.
Spielzeug aus Sisal kann zu Einschnürungen oder bei Aufnahme in den Verdauungstrakt zu Kropfentzündung und Verdauungsproblemen (→ Seite 54) führen.
Wichtig: Auch wenn Sie Ihrem Nymphensittich einen großen, gut eingerichteten Käfig bieten, darf er nicht sein ständiger Aufenthaltsort sein. Als gute und gewandte Flieger brauchen Nymphensittiche viel Bewegung, die sie nur während des Freiflugs erhalten (→ Seite 23).

Der Platz für den Käfig

Der Käfig oder die Zimmervoliere sollten sofort an ihrem späteren Platz stehen.
✔ Möglichst nahe am Fenster: Das garantiert Abwechslung, gewährleistet einen Tag-Nacht-Rhythmus und bietet die Möglichkeit eines Sonnenbades. Der Vogel muß sich aber in den Schatten zurückziehen können.
✔ Der Käfig darf nicht zu tief stehen, der Vogel muß seine Umgebung überblicken können. Etwa in Augenhöhe des Pflegers ist sinnvoll.
✔ Er soll dort stehen, wo Sie sich auch aufhalten. Sonst vereinsamt das Tier und schließt sich Ihnen nicht an.
✔ Kein Heizkörper in unmittelbarer Nähe: Die aufsteigende Luft trocknet die Schleimhäute aus – Gefahr von Krankheiten.
✔ Rauch schadet der Gesundheit des Vogels.

Checkliste
Käfigausstattung

1 Metallkäfig mit genügend großen Türen, bruchfester Bodenwanne und Schublade.

2 Die Käfigmaße sollten 100 x 70 x 130 cm für 1 bis 2 Nymphensittiche nicht unterschreiten.

3 Gitterstäbe sollten immer waagerecht angebracht sein. Der Abstand der Stäbe voneinander sollte 1,5 bis 2 cm betragen.

4 Als Sitzstangen gedrechselte Hartholzstangen oder Naturzweige von ungespritzten Obstbäumen, Weiden, Pappeln, Nußbäumen oder Obststräuchern.

5 Mindestens 3 Futternäpfe aus Metall, Hartplastik oder Ton: für Wasser, Trockenfutter und für Obst und Keimfutter.

6 Unzerbrechliches Spielzeug aus Metall oder Hartholz.

7 Vogelsand als Bodenbelag des Käfigs sowie als Verdauungshilfe.

8 Sprühflasche zum Duschen des Nymphensittichs (→ Seite 35).

Der Weg nach Hause

Den Nymphensittich erhalten Sie in einer Transportkiste, in der er sich kaum verletzen kann und auch ruhig bleibt. Die Kisten eignen sich später auch für den eventuell einmal nötigen Weg zum Tierarzt. Fahren Sie nach dem Kauf sofort nach Hause. Halten Sie die Transportkiste an den Käfig, den Sie schon vorher eingerichtet haben, und warten Sie, bis der Vogel in sein neues Heim umsteigt. Dies kann einige Minuten dauern.

Dieser Nymphensittich fühlt sich am Fenster sichtlich wohl.

Danach entfernen Sie sich. Am ersten Tag im neuen Heim sollte der Vogel nun nicht mehr gestört werden.

Vertrauen gewinnen

Die ersten Tage sind meist die schwierigsten. Verrichten Sie alle Handlungen am Käfig ruhig und immer nach der gleichen Weise. Das nimmt die Bedrohlichkeit.

Ist der Vogel sehr scheu, setzen Sie sich in einiger Entfernung vom Käfig hin und sprechen beruhigend zum Tier.

Durch langsames Herantasten an den Bauch gewinnen Sie das Vertrauen des Vogels.

Den Nymphensittich handzahm machen

✔ Verkleinern Sie allmählich den Abstand zum Käfig, sprechen Sie mit dem Tier.

✔ Am Käfig angekommen, legen Sie die Hand so an das Gitter, daß sie nicht über dem Nymphensittich liegt, dies könnte ein von oben kommender Feind sein.

✔ Führen Sie allmählich die Hand in den Käfig und dort zum Vogel.

✔ Sind Sie ganz dicht am Vogel, beginnen Sie, ihn leicht zu streicheln. Ein Leckerbissen in der Hand kann hierbei Wunder bewirken.

✔ Gehen Sie dann mit der Hand von unten unter den Bauch des Vogels und heben ihn leicht an. Oft klettert er dann auf die Hand.

✔ Dies üben Sie nun, bis Sie sicher sind, daß der Vogel immer auf die Hand geht, wenn Sie ihn dazu animieren.

✔ Erst wenn der Nymphensittich sicher auf die Hand geht, können Sie das Tier aus dem Käfig lassen. Vermeiden Sie schnelle Bewegungen, sie verleiten nur zum Wegfliegen.

So lernt Ihr Nymphensittich, auf den Finger zu steigen.

Nachtruhe

In der Regel teilen sich Nymphensittiche ihre Ruhe- und Wachphasen selbst ein. Dies sollten Sie auch tolerieren. Nymphensittiche sind jedoch so flexibel, daß sie sich Ihrem Tagesrhythmus anpassen. Die Nachtruhe muß dem Tier aber zur Verfügung stehen.

Kurz vor dem Schlafen begibt sich der Nymphensittich auf seinen Ruheplatz und richtet sich für die Nacht ein. Nun sollte er nicht mehr gestört werden. Um zu verhindern, daß der Nymphensittich in

Ungestörter Schlaf ist wichtig für die Gesundheit des Vogels.

der Nacht erschreckt wird und sich dann verletzt, können Sie eine kleine Lampe (10 bis 20 Watt) brennen lassen.

Decken Sie den Vogel nicht mit einem Tuch ab. Dies gibt dem Tier das Gefühl, unter einem Netz gefangen zu sein.

Kleine Rangeleien um Leckerbissen sind nicht gefährlich. Bei einem Streit müssen Sie die beiden jedoch trennen.

Zwei Vögel aneinander gewöhnen

Haben Sie bereits einen Nymphensittich oder haben Sie zwei Vögel erworben, sollten Sie beim Zusammensetzen der beiden die ersten Stunden immer in der Nähe sein, um Streitereien oder Unfälle zu vermeiden. Obwohl Nymphensittiche in der Regel recht verträglich sind, kann es Ärger geben. Das ältere Tier braucht oft erst ein paar Tage, um sich an den neuen Partner zu gewöhnen.

Ist der Käfig oder die Voliere recht groß, setzen Sie beide erst einmal zusammen und beobachten sie. Gibt es in den ersten Stunden außer kleinen Rangeleien keinen großen Streit, so bleibt dies auch meist so. Verbeißen sich die Tiere ineinander, so müssen Sie beide trennen.

Halten Sie die Vögel in zwei getrennten Käfigen nebeneinander. Nach einiger Zeit können Sie beide auf neutralem Boden, etwa im Zimmer, zusammenlassen. Wenn nichts passiert, können Sie beide in einen Käfig zusammensetzen.

Das Geschlecht ist in der Regel nicht so wichtig bei den beiden Tieren, denn auch gleichgeschlechtliche Nymphensittiche vertragen sich oft gut.

DER RICHTIGE UMGANG IM ALLTAG

Hat Ihr Nymphensittich erst einmal die Scheu vor Ihnen verloren und geht auf die Hand, werden Sie bald viel Freude im Umgang mit ihm haben. Um ihm ein ausgefülltes Dasein zu bieten, müssen Sie jedoch für eine artgerechte Haltung, abwechslungs- reiche, gesunde Kost und gute Pflege sorgen.

Der Freiflug

Geht der Nymphensittich sicher auf Ihre Hand, können Sie an den zweiten Schritt denken, den Freiflug im Zimmer. Allerdings sollten Sie es nicht zu eilig angehen. Räumen Sie Ihrem Nym- phensittich genügend Zeit ein, damit er sich von seinem Käfig aus das Zimmer und dessen Einrichtung einprägen kann. Da Nymphensitti- che schnelle Flieger sind, kann es zu schweren Unfällen kommen, wenn Sie dies vernachlässi- gen. Wichtig ist, daß der Vogel den Raum rich- tig einschätzen kann, besonders in seinen Be- grenzungen. Wie Sie das Zimmer vogelsicher machen, → Seite 27.

Der erste Freiflug muß unbedingt unter Ihrer Aufsicht erfolgen. Auch später sollte der Vogel nie länger als 5 bis 10 Minuten ohne Aufsicht frei fliegen dürfen. Generell bin ich der Mei- nung, daß während Ihrer Abwesenheit der Nymphensittich in seinen Käfig gehört. Hier kann ihm am wenigsten passieren, und man muß sich später keine Vorwürfe machen, nach- lässig gewesen zu sein.

Nymphensittiche knabbern gern Pflanzen an. Achten Sie auf deren Ungefährlichkeit.

Der Freiflug sollte auch nur in dem bekannten Zimmer erfolgen. Erst wenn sich das Tier an den Freiflug gewöhnt hat, können Sie mit ihm an- dere Räume im Haus aufsuchen. Dies bringt ei- ne gewisse Abwechslung in den Alltag. Verges- sen Sie aber nie die angesprochenen Sicher- heitsmaßnahmen (→ Seite 27).

Jagen Sie Ihren Nymphensittich für den ersten Freiflug nicht aus dem Käfig. Lassen Sie ihm entweder die Zeit, selbst durch die geöffnete Tür zu kommen, oder nehmen Sie ihn auf der Hand aus dem Käfig. Die schöne Zeit des Frei- fluges verbindet er somit mit Ihrer Hand und wird noch lieber auf diese steigen.

Mit dem Zurückbringen nach den Flugstunden verhält es sich ähnlich. Das beste, was Ihnen passieren kann, ist, daß der Vogel von allein in den Käfig geht, weil er Hunger hat oder weil er müde ist. Veranstalten Sie keine wilde Hetzjagd auf ihn, sonst verbindet er nur Negatives mit der Rückkehr in den Käfig.

Ist der Nymphensittich an die Hand gewöhnt, können Sie ihn selbst in den Käfig setzen. Zur Not können Sie ihn, wenn er erneut herumflie- gen will, mit einem Finger auf der Hand fest- halten. Auf keinen Fall sollte man mit dem Tier die Geduld verlieren.

T I P

Giftige und gefährliche Pflanzen

Nymphensittiche knabbern beim Freiflug gern an Pflanzen. Leider können sie nicht zwischen giftigen und ungiftigen unterscheiden. Deshalb müssen Sie dafür sorgen, daß giftige Pflanzen oder Substanzen, die den Vogel schädigen können, nicht in seiner Nähe sind.
Als giftig in Haus und Garten gelten: Becherprimel, Brechnußgewächse wie Buddleja, Dieffenbachia, Christusdorn, Madagaskar-Immergrün (Catharantus), Eibe, Hyazinthe, Immergrün, Nachtschattengewächse, Weihnachtsstern, Madagaskarpalme, Narzisse, Oleander, Spitzblume, Wunderstrauch, Wüstenrose, Zierspargel.
Als sehr schädlich gelten: Efeu, Fensterblatt, Flamingoblume, Goldtrompete, Harzhölzer, Kolbenfaden, Philodendron, Schefflera.
Bei Kakteen ist wegen der Stacheln erhöhte Vorsicht geboten. Besonders bei unerfahrenen und tolpatschigen Jungvögeln sind Verletzungen nicht selten.
Bevor Sie eine neue Pflanze erwerben, sollten Sie nach deren Verträglichkeit oder eventuellen Giftigkeit fragen. Verzichten Sie lieber auf den Kauf, als den Nymphensittich zu gefährden.
Keine Gefahr besteht bei Obstbäumen, Katzengras und Löwenzahn.

Bieten Sie dem Vogel Futter immer nur im Käfig oder auf der Hand an. Dadurch steigt für ihn der Anreiz, nach einiger Zeit in den Bauer zurückzukehren.

Wie das Fliegen muß auch das Landen erst einige Zeit geübt werden. Am Anfang sind Bruchlandungen die Regel, danach gelingt es den Vögeln aber immer besser.
Das gilt vor allem bei Jungvögeln. Haben diese bei ihren ersten Flügen so viel Platz, daß sie schnell werden können, gibt es ernste Probleme, wenn eine Wand oder Scheibe den Flug plötzlich stoppt. In der Natur gibt es solche Wände nicht. Deshalb sollten Sie bei den ersten Freiflügen der Jungen immer zugegen sein.
Mit der Zeit entwickelt der Nymphensittich in seinem Zimmer Vorlieben für bestimmte Plätze. Diese sollten Sie entsprechend präparieren, etwa mit Zeitungspapier, um den Kot aufzufangen. Nymphensittiche sind in der Regel keine großen Nager und Holzzerstörer, jedoch ganz werden sie die Möbel und die Tapeten an den Wänden auch nicht verschonen. Dies birgt weitere Gefahren. Versuchen Sie, solche Nagetätigkeit zu verhindern, indem Sie Ihren Vogel ablenken, etwa durch das Anbringen eines frischen Zweiges oder durch das Bereitstellen eines Kletterbaumes (→ Seite 51). Dieser sollte aber nicht in unmittelbarer Nähe des Käfigs stehen, damit der Nymphensittich fliegen muß.

Die Tür eignet sich als Beobachtungsposten. Doch Vorsicht mit den Zehen beim Schließen.

Gefahren vermeiden

Gefahrenquelle	Gefahr	Vermeiden von Gefahr
Offene Tür	Flug in Zimmer, die nicht als Vogelzimmer dienen	Alle Türen von Räumen, in die der Nymphensittich nicht fliegen soll, schließen
Offene Tür, die der Vogel als Beobachtungswarte nutzt	Füße werden beim Schließen eingeklemmt	Immer nachschauen, wo der Nymphensittich sich befindet
Auf dem Fußboden herumliegende Kleidung	Der Vogel kriecht darunter und kann verletzt werden	Gewöhnen Sie sich vorsichtiges Gehen an, lassen Sie nichts herumliegen
Gefäße mit Wasser	Der Vogel fällt hinein und kann ertrinken	Nymphensittich immer beobachten, notfalls Gefäße abdecken
Offene Schränke und Schubladen	Versehentliches Einsperren	Immer geschlossen halten oder öfter kontrollieren
Gifte wie Alkohol, Filzschreiber, Salz, Grünspan, Lösungsmittel, Pflanzendünger, Putzmittel, Blei aus Gardinen	Vergiftung durch Fressen	Gifte möglichst unerreichbar plazieren, von Alkohol nichts anbieten, auch nicht zum Spaß bei Festlichkeiten
Herdplatte und Bügeleisen, offene Kerze, Kamin	Verbrennungen bis hin zum Tod	Beim Kochen und Bügeln, bei offenem Feuer stets den Vogel im Käfig halten
Papierkorb, Ziervase	Hineinfallen und von allein nicht mehr herauskommen	Korbware erleichtert das Klettern, Sandfüllungen verhindern das Hineinfallen, abdecken während der Freiflugzeit
Pralle Sonne über längere Zeit	Hitzschlag und Kreislaufkollaps	Käfig so stellen, daß der Vogel zwischen Schatten und Sonne wählen kann
Öfen, elektrische Geräte	Verbrennungen, Stromtod durch Benagen von Stromkabeln	Für Vogel unerreichbar plazieren, sicher abdecken
Starke Temperaturschwankungen	Erkältungen, Lungenentzündung, Hitzschlag, Erfrierungen	Nymphensittich allmählich daran gewöhnen.

10 Goldene Regeln
des richtigen Umgangs

1 Wenn Sie dem Nymphensittich von Anfang an etwas Gutes tun möchten, sollten Sie gleich zwei Vögel erwerben.

2 Der Umgang mit dem Nymphensittich sollte immer leise und in Ruhe geschehen, Hektik verunsichert das Tier nur.

3 Gewöhnen Sie den Vogel an die Hand. Langen Sie immer von unten an den Bauch und animieren Sie den Vogel, auf Ihre Hand zu steigen.

4 Lassen Sie Kinder, die jünger als 12 Jahre alt sind, nie allein mit dem Nymphensittich. Dies dient beider Sicherheit.

5 Überfallen Sie den Nymphensittich nicht mit schnellen Bewegungen, dies verängstigt ihn.

6 Regelmäßiger Freiflug und Beschäftigung sind wichtig. Damit bleibt der Nymphensittich gesund und trainiert, außerdem wird er unterhalten.

7 Sie bekommen Ihren Vogel nie stubenrein. Treffen Sie geeignete »Gegenmaßnahmen« wie Zeitungspapier am Boden.

8 Strukturieren Sie den Käfig von Zeit zu Zeit um und bieten Sie das Futter an verschiedenen Stellen im Käfig an. Das hält den Nymphensittich auf Trab.

9 Wichtig bei der Ernährung ist die Abwechslung bei den Zutaten und die Regelmäßigkeit des Fütterns. Dies hilft, nichts zu vergessen.

10 Reinigen Sie Käfig und Zubehör regelmäßig, um Krankheiten vorzubeugen. Dies hat aber nichts mit Desinfektion zu tun. Die Mittel sind für die Tiere in der Regel zu scharf. Außerdem unterfordert übertriebene Hygiene das Immunsystem.

Das vogelsichere Zimmer

Damit Ihr Vogel gefahrlos fliegen kann, müssen Sie einiges bedenken:

✔ Vergewissern Sie sich, daß alle Fenster im Raum geschlossen, auch nicht gekippt sind. Ihr Vogel wäre nicht der erste, der durch diesen Spalt entweicht. Als besondere Vorsichtsmaßnahme können Sie im Vogelzimmer Fliegengitter an den Fenstern anbringen, um ein Entfliegen bei gekippten Fenstern zu verhindern. Ein weiterer Vorteil: So gelangt trotzdem die nötige Frischluft in den Raum.

✔ Ziehen Sie die Gardinen vor oder schließen Sie das Rollo. Vögel kennen kein Glas, sie wollen durchstarten und durch die vermeintliche Öffnung weiterfliegen. Ein Aufprall auf die Scheibe kann schwere bis tödliche Verletzungen zur Folge haben. Schritt für Schritt können Sie dann die Gardinen beziehungsweise das Rollo zurückziehen, jeden Tag ein bißchen mehr, um den Vogel an die Scheibe zu gewöhnen.

✔ Schränke müssen so dicht an der Wand stehen, daß der Nymphensittich nicht dahinter rutschen kann. Von allein könnte er sich aus dieser Klemme nicht befreien.

✔ Lassen Sie keine wassergefüllten Blumenvasen oder Gießkannen stehen. Wenn der Nymphensittich aus Neugierde hineinschaut, kann er ertrinken.

✔ Stromkabel verleiten den Vogel zum Beknabbern, was tödlich enden kann. Verlegen Sie Kabel - wenn möglich - hinter Möbeln, decken sie mit Teppichen ab oder ziehen Sie ein Metallrohr darüber.

✔ Lassen Sie keine giftigen Pflanzen, Zinn oder Bleigegenstände stehen, die der Nymphensittich benagen oder fressen kann. Für den Vogel sind viele Stoffe giftig: Sprays, Treibmittel, Quecksilber, Plastikfolie, Plastiktüten, Klebstoffe, Lack, Leim, Gewürze, Kugelschreiberminen, Bleistifte.

Diese beiden Vögel sind auf dem Weg, den Freiflug zu genießen.

Vogel entflogen – was tun?

Nymphensittiche sind rasante Flieger, die auch im Zimmer sehr schnell werden können. Dabei kann es passieren, daß der Vogel aus Unachtsamkeit entfliegt.

Ist er erst einmal draußen, so steigt er schnell in große Höhen auf, um sich zu orientieren. Der Vogel tut dies vor allem, wenn keine Bäume in unmittelbarer Nähe sind. Da sich das Tier aber draußen nicht auskennt, fliegt es auf der Suche nach Bekanntem oder dem Pfleger immer weiter und kann dabei beträchtliche Strecken zurücklegen. Ein Wiederauffinden ist nun in der Regel reine Glückssache.

Im Sommer hat der Nymphensittich recht gute Chancen, im Freien zurechtzukommen, wenn er nicht von Greifvögeln oder Katzen gefangen

VERSORGUNG IM URLAUB

Der Urlaub wirft immer wieder die Frage auf, wohin mit dem Vogel?
Bis maximal zwei Tage können Sie den Nymphensittich mit genügend Futter und Wasser in seinem Käfig lassen. Dies bereitet ihm am wenigsten Streß.
Sind Sie längere Zeit abwesend, müssen Sie vorsorgen:
✔ Sie können den Vogel in seinem Käfig oder in einem kleineren Urlaubskäfig mitnehmen, wenn die Fahrt nicht zu lang ist. Vermeiden Sie auf der Fahrt Zugluft, Hitze und pralle Sonne. Erkundigen Sie sich vor Reiseantritt, ob der Vogel überhaupt erwünscht ist.
✔ Sie geben den Vogel in Pflege: Fragen Sie dazu in Tierpensionen, Zoofachgeschäften oder Tierheimen nach. Vielleicht ist auch ein Verwandter oder Bekannter dazu bereit. Noch besser ist es, wenn der Pfleger in Ihrer Wohnung lebt und das Tier in seiner gewohnten Umgebung versorgt.
✔ Regeln Sie die Urlaubsversorgung bereits, wenn noch kein Urlaub ansteht. Denken Sie an eine Pflegeanleitung und wichtige Adressen wie Tierarzt oder Ihre Urlaubsanschrift, die Sie der Pflegeperson hinterlegen.

wird oder gegen ein Auto oder einen Strommast fliegt. Er findet Sämereien, Obst und Beeren. Fatal wird die Situation im Winter. Hier kann er nur eine Zeitlang überleben, wenn er sich Wildvögeln anschließt und Futterhäuschen aufsucht. Die Kälte ist nicht so schlimm. Auf die Dauer hat ein Nymphensittich draußen aber keine Chance.

Glück im Unglück hat der Vogel, wenn er aus Hunger oder weil er zahm ist, die Nähe von Menschen aufsucht. Anhand seines Ringes kann der Eigentümer gefunden werden.

Ist Ihr Nymphensittich entkommen, sitzt aber noch im Garten, so stellen Sie seinen Käfig mit Futter hinaus und hoffen, daß er allein hineinfindet. Hat er sich im Garten in einen nicht zu hohen Baum gesetzt, so können Sie ihn mit einem starken Wasserstrahl so durchnässen, daß er nicht mehr fliegen kann. Dies muß allerdings recht schnell gehen. Verhindern Sie, daß der Vogel erschreckt wird, sonst fliegt er unwiederbringlich davon.

Nymphensittiche zeigen in freier Natur ein Verhalten, um sich wiederzufinden, das Sie sich zunutze machen können: Bei Pärchenhaltung suchen die Tiere ununterbrochen schreiend Kontakt, wenn einer der Partner nicht in unmittelbarer Nähe ist. Manchmal lockt der schreiende Partner auf diese Weise den Ausreißer zurück in den Käfig.

Nymphensittich und Kinder

Vögel sind nicht unbedingt die idealen Tiere für Kinder, schon gar nicht für Klein- oder Kleinstkinder. Das Knuddeln und Streicheln liegt den Tieren nicht so, und die Kinder können für den kleinen Körper unbewußt zu grob sein.

Möchte Ihr Kind dennoch einen Nymphensittich, so sollten Sie sich bewußt sein, daß das Tier neben Zuneigung auch artgemäße Pflege und Beschäftigung braucht. Ferner kommen

Kosten, wenn auch nicht utopisch hohe, auf Sie zu. Kinder können diese Verantwortung erst ab einem Alter von etwa 12 bis 15 Jahren allein übernehmen. Sind Ihre Kinder jünger, müssen Sie sich mit um die Pflege kümmern oder zumindest täglich kontrollieren, ob alles erledigt wird. Kinder verlieren häufig nach einer gewissen Zeit das Interesse an ihrem Tier, dann müssen Sie die Arbeit übernehmen.

Hat Ihr Kind jedoch Interesse an der Haltung von Vögeln, vor allem an Papageien, so ist der Nymphensittich neben dem Wellensittich der ideale Einsteigervogel, da er verhältnismäßig einfach zu pflegen ist und recht schnell zutraulich wird. So können lange Jahre enger Freundschaft entstehen, in denen das Kind lernt, Verantwortung für andere zu übernehmen.

Nymphensittich und andere Heimtiere

In der Regel ist der Nymphensittich ein absolut verträglicher Geselle. Sie können ihn zu anderen Sittichen, wie Wellen- und Grassittichen, gesellen, aber auch zu anderen Vogelgruppen wie Kanarienvögeln oder Prachtfinken. Man sollte nur darauf achten, daß sich die Tiere aus dem Weg gehen und beim Brüten ihre kleinen Reviere abgrenzen können. Solche gemischten Vogelgruppen sollten Sie jedoch nur mit Vögeln arrangieren, die gerade nicht brüten, um den Erfolg nicht zu gefährden.

Hunde sind oft, sofern sie keinen ausgeprägten Jagdtrieb haben, nicht sehr am Nymphensittich interessiert. Sie sollten beide jedoch nie unbeaufsichtigt zusammen lassen, selbst wenn Sie zu Hause sind. Vor allem große Hunde können ungewollt, durch tolpatschiges Verhalten, den Vogel schwer verletzen.

Katzen sind wegen ihres ausgeprägten Jagdtriebes noch problematischer. Nur wenn sich der Nymphensittich von Anfang an mit seinem Schnabel gegen die Katze wehrt (dies gelingt umso besser, je jünger die Katze ist), kann das Zusammenleben in einigermaßen geordneten Bahnen verlaufen. Lassen Sie aber niemals Vogel und Katze unbeaufsichtigt zusammen. Die Mieze könnte einen unaufmerksamen Augenblick des Nymphensittichs zum Angriff nutzen.

Aus gegenseitigem Interesse kann eine lange Freundschaft werden.

Die richtige Ernährung

Vogelbeeren bereichern den Speiseplan. Diesem Weibchen scheinen sie auch zu schmecken.

Im Zoofachhandel bekommen Sie eine Saatenmischung, als »Großsittich-« oder »Nymphensittichfutter« bezeichnet, die sich am Nahrungsangebot in der Natur orientiert.

Das Mischfutter sollte kleine Körner wie verschiedene Hirsesorten sowie Glanzsaat enthalten. Dazu kommen geschäler Hafer, Weizen, Hanf, Kadisaat und Sonnenblumenkerne. Letztere sowie Nüsse dürfen Sie nicht zuviel verfüttern, da sie sehr fett sind und zur Verfettung des Vogels führen. Ein weiterer Nachteil ist, daß diese zu schnell sättigen und der Nymphensittich dadurch zu wenig beschäftigt ist. Die kleineren Körner enthalten dagegen eher Kohlenhydrate und regen die Darmtätigkeit an. Außerdem muß der Nymphensittich, um satt zu werden, mehrere kleine Körner verzehren. Dies beschäftigt ihn länger und bringt Abwechslung.

Der Frischegrad des Futters ist besonders wichtig. Je älter ein Korn ist, desto weniger Inhaltsstoffe weist es auf. Ein guter Test für die Frische ist die Keimfähigkeit. Machen Sie deshalb hin und wieder eine Keimprobe (→ Seite 32).

Verdorbenes Futter ist gesundheitsschädlich.

✔ Fetthaltige Saaten wie Hanf und Sonnenblumenkerne können ranzig werden.

✔ Schimmelpilze erkennen Sie an weißlich-grauen Belägen und am stechenden Geruch.
✔ Fäulnis äußert sich durch penetranten Geruch und schmierige Beläge.
✔ Motten und Futtermilben sind für die Vögel harmlos. Man erkennt sie an spinnfädenartigen Verklumpungen der Körner.
Grundsätzlich gilt, Futterkörner immer luftig, aber trocken aufbewahren. Meiden Sie in Plastikbeuteln verpacktes Futter.
Kolbenhirse ist ein leicht verdaulicher Leckerbissen, der besonders von jungen und kranken Tieren gern genommen wird. Auch für brütende Paare ist Kolbenhirse ein wichtiges Zusatzfutter. Ein gesunder Nymphensittich braucht höchstens ein etwa 5 cm langes Stück täglich.
Körnerherzen und -ringe mit Honig dienen zwar der Beschäftigung, sind aber die reinsten Kalorienbomben. Frische Zweige zum Benagen erfüllen den gleichen Zweck.
Als Trinkwasser können Sie Leitungswasser nehmen. Der im Fachhandel erhältliche Vogeltrank oder stilles natriumarmes Mineralwasser sind auch geeignet. Der Trinknapf muß täglich gereinigt und frisch befüllt werden.

Die richtige Futtermenge

✔ Als Richtwert gelten 1 bis 2 Eßlöffel Futter pro Vogel und Tag.
✔ Da Vögel einen hohen Stoffumsatz haben und nur wenig Reserven speichern, ist es wichtig, daß der Nymphensittich häufiger kleine Mengen an Nahrung zu sich nimmt.
✔ Aus Sicherheitsgründen sollte im Futterschälchen immer etwas mehr als die tägliche Menge Futter sein.
✔ Bevor Sie neues Futter reichen, entfernen Sie die alten Hülsen durch Pusten und mischen dann die frischen Körner unter.
Wichtig: Versuchen Sie nicht, das Gewicht Ihres Vogels durch Futterzuteilung auf einem

Checkliste
Fütterungsregeln

1 Täglich und wenn möglich immer zur gleichen Zeit füttern.

2 Immer etwas mehr Futter geben als nötig. Überquellende oder mehrere Futternäpfe für das gleiche Futter sind allerdings unnötig.

3 Obst, Grünzeug und Gemüse täglich und immer frisch verabreichen, außerdem immer getrennt vom Trockenfutter in einem extra Schälchen. Mit Naßfutter oder Keimfutter dürfen Sie das Obst mischen.

4 Obst, das nicht aus dem eigenen Garten oder aus kontrolliertem Anbau stammt, immer waschen, besser schälen. Abtropfen lassen.

5 Blattpflanzen, wie Kopfsalat, wegen der eventuell gelösten Schadstoffe nur in geringen Mengen verfüttern.

6 Regelmäßig frische Zweige, Knabberstangen oder Kalksteine zum Nagen anbieten. Die Knabberstangen mit Honig sind kalorienreich. Diese nur hin und wieder anbieten.

7 Futter, besonders Leckerbissen, oft aus der Hand anbieten. Dies fördert die Zahmheit des Nymphensittichs.

T I P

Naschen vom Tisch

Ungeeignetes Essen von Ihrem Tisch:
✔ Zuviel Salz und Gewürze in Salzstangen und Chips schädigen Niere und Leber.
✔ Schokolade, Bonbons, Kekse enthalten zuviel Fett, Zucker, Farbstoffe.
✔ Alkohol und Kaffee.
Geeignet sind dagegen:
✔ Fruchtsäfte ohne Zuckerzusatz.
✔ Trockenes Brot, Vollkornkekse, Zwieback, Müsli, vor allem ein Vollkornprodukt.
✔ Gekochte Kartoffeln und gekochte Nudeln, aber nicht zu heiß.
✔ Mageres Fleisch.
✔ Selten Joghurt, Magerquark, milder Käse in ganz kleinen Mengen.
✔ Schwarzer Tee, aber nur als Notlösung bei Durchfall und nur für kurze Zeit.

✔ Das Spülen unter fließendem Wasser reinigt die Körner von Staub und Schmutz.
✔ Für Jungvögel ist es leichter zu enthülsen und zu verzehren.
Zur Zubereitung des Quellfutters geben Sie die benötigten Körner in eine Schüssel mit Wasser (man kann das handelsübliche Futter verwenden und es noch mit etwas Mais, Bohnen, Erbsen und Hafer anreichern), so daß alle Körner mit Wasser bedeckt sind. Nach 12 Stunden spülen Sie die Körner in einem Sieb gut durch. Danach können Sie das Futter mit Obst vermischen, Eifutter zufügen (im Zoofachhandel erhältlich) und dem Nymphensittich anbieten.
Für Keimfutter müssen Sie das Quellfutter erneut einweichen und nach 12 Stunden wieder abspülen. Danach hängen Sie es im Sieb in eine Schüssel und decken es mit einem Teller ab, um ein Austrocknen zu verhindern. Die Körner bleiben nun bei Zimmertemperatur noch weitere 24 bis 48 Stunden stehen, bis sie keimen. Wollen Sie dieses Futter Ihrem Vogel täglich anbieten, sollten Sie mehrere Siebe ansetzen. Zu trocken gewordene Körner keimen nicht gut, man kann sie aber trotzdem als Quellfutter verfüttern.
Wichtig: Während der Keimphase faulende Körner dürfen Sie nicht verfüttern.

Obst und Gemüse

An Obst und Gemüse können Sie bis auf Kohl, Kartoffeln und Zitrusfrüchte alles verfüttern, was es gerade gibt. Daneben können Sie auch Kräuter oder Wildpflanzen wie Basilikum, Petersilie, Kerbel, Rispengras, Blut-Fingerhirse, Zaunwicke, Gänseblümchen, Löwenzahn (Blätter und Stengel), Sauerampfer, Hirtentäschelkraut oder Wasserkresse reichen.
Wichtig dabei ist, daß es nicht gespritzt ist. Gekauftes Obst und Gemüse sollten Sie gut waschen und schälen.

optimalen Stand zu halten. Im Falle einer Krankheit steigt der Stoffumsatz, der Vogel braucht mehr Energie. Kann er diese nicht aufnehmen, wird sich sein Zustand schnell verschlechtern. Besser ist mehr Bewegung.

Keimfutter herstellen

Diese Art von Futterzubereitung macht zwar etwas mehr Mühe, hat aber viele Vorteile:
✔ Das Futter ist gehaltvoller und leichter verdaulich.
✔ Zum Aufziehen ihrer Jungen brauchen die Vögel Keimfutter oder gequollenes Futter.
✔ Der Quell- und Keimprozeß schließt die Samenkörner auf und mobilisiert die in ihnen enthaltenen Vitamine und andere Inhaltsstoffe.

Bei der Fütterung bedenken:
✔ Auf Abwechslung achten.
✔ Futter, das der Vogel einmal nicht gefressen hat, immer wieder anbieten.
✔ Die Stücke nicht zu groß machen, der Nymphensittich muß sie bewegen können.
✔ Zu kleine Stücke verlieren rasch ihre Festigkeit und werden matschig.
✔ Obst und Gemüse in einem separaten Schälchen anbieten oder vermischt mit Quell-/Keimfutter. Noch zusätzlich einen Napf mit trockenen Körnern hinstellen.
✔ Zitrusfrüchte sparsam, Kohl und rohe Kartoffeln überhaupt nicht reichen.
✔ Vorsicht bei Blattsalat. Durch seinen hohen Wassergehalt sind in ihm viele Schadstoffe gelöst. Salat aus dem eigenen Garten können Sie in kleinen Mengen verfüttern.
✔ Kräuter mit einer Klammer am Käfiggitter befestigen.

Vitamine

Da Sie nicht wissen, wieviel Vitamine Ihr Vogel über Obst und Gemüse aufnimmt, sollten Sie mehrmals in der Woche Vitamine über das Trinkwasser verabreichen. Am besten lassen Sie sich von Ihrem Tierarzt ein Multivitaminpräparat geben.
Halten Sie sich an die Dosierungsangaben, eine Überdosierung kann schädlich sein. Da vor allem Papageien wenig trinken, müssen die Vitamine im Wasser verhältnismäßig hoch konzentriert werden.

Mineralstoffe und Spurenelemente

Diese Stoffe braucht der Nymphensittich zum Aufbau von Knochen und Federn sowie zum Wachstum, das Weibchen zur Bildung der Eier. Einige Mineralstoffe sind im Futter enthalten, andere müssen zugeführt werden.
In der Natur nehmen die Vögel mineralhaltige Erde auf. Im Käfig geben Sie als Ersatz Vogelgrit. Er besteht aus verschiedenen Steinen, Schalen von Muscheln, Austern und Sepia, Kalk- und Taubensteinen. Im Handel gibt es Mineralstoffe auch als Pulver, das Sie unter das Futter mischen.

Futterpellets

Sie sind in ihrer Zusammensetzung vollkommen auf den Vogelorganismus abgestimmt. Da sie jedoch beim Fressen kaum Arbeit verlangen, stumpft der Vogel schnell ab, die Pellets werden dann oft verweigert. Außerdem hat der Vogel noch mehr Zeit, sich zu langweilen.
Selbst die Hersteller der Pellets raten zur anschließenden Beschäftigung. Nur im Krankheitsfall rate ich zu den Pellets, da schnell und leicht Energie zugeführt wird.

Obst und Gemüse sind wichtige Vitaminquellen für den Nymphensittich.

Hygiene ist wichtig

Die Hygiene beim Umgang mit dem Nymphensittich ist genauso wichtig wie die Hygiene, die der Vogel benötigt. Übertriebene Angst vor Krankheiten ist allerdings unbegründet, denn der Kot eines in der Wohnung gehaltenen Vogels ist in der Regel kaum mit Bakterien versetzt. Außerdem riecht er kaum. Mit den normalen Maßnahmen, wie Sauberhalten des Käfigs und Händewaschen, beugen Sie genügend vor. Bedenken Sie aber, daß übermäßige Reinheit oder gar ständiges Desinfizieren das Immunsystem des Vogels schwächt, manche Mittel auch giftig sind oder seine Atemwege reizen. Wenn Sie Angst vor Krankheiten haben, sprechen Sie mit Ihrem Arzt oder Tierarzt. Hier ein paar Tips zur Reinigung:

✔ Kot auf Möbeln sofort mit einem feuchten Tuch entfernen.

✔ Kot auf dem Teppich trocknen lassen, dann mit einem Küchentuch wegnehmen.

✔ Kot auf Kleidungsstücken entfernt man am besten durch Bürsten.

Auf der Schulter kann schon einmal ein Klecks landen.

Das Vogelbad

Nymphensittiche baden meist recht gern, indem sie sich beregnen lassen. Dazu breiten sie ihre Flügel aus, damit das Wasser an alle Stellen des Körpers gelangt. Im Käfig oder in der Voliere hängen sie oft mit dem Kopf nach unten am Dach der Behausung, um jeden Tropfen zu erhaschen. Baden steigert das Wohlbefinden, ist Beschäftigung und animiert zum Putzen. Die Möglichkeit zum Baden sollten Sie Ihrem Vogel so oft wie möglich geben, vor allem in den Winter-

Die Pediküre erledigt der Nymphensittich von selbst.

Warmes Wasser aus der Sprühflasche imitiert Regen.

monaten, da dann die trockene Heizungsluft den Nymphensittichen zu schaffen macht.

Baden sollten die Vögel tagsüber, am besten am Vormittag, damit sie genügend Zeit haben, ihr Gefieder zu trocknen und zu ordnen.

Niemals den Vogel naß machen und dann das Licht im Raum löschen. Das Tier würde frieren und sich erkälten. Natürlichen Regen in der Sommerzeit können Sie durch eine handelsübliche Blumenspritze ersetzen. Achten Sie aber darauf, daß keine Chemikalien oder Reste davon in der Sprühflasche sind. Füllen Sie das Wasser so heiß, wie es aus der Leitung kommt, in die Flasche und stellen Sie die Düse auf ganz fein. Das Wasser aus der Düse ist dann wohl temperiert. Besprühen Sie damit den Vogel von allen Seiten.

So sehen Federn von gepflegten Vögeln aus.

Badehäuschen

Badet Ihr Vogel auch in einer Wanne, etwa in einer nicht zu tiefen, relativ breiten Tonschale oder in einem handelsüblichen Badehaus für Großsittiche aus dem Zoofachhandel, so kann er seine Badezeiten selbst bestimmen. Manche Vögel baden auch in einer Schüssel mit feuchten Blättern. Das Laub muß jedoch von ungespritzten Bäumen stammen.

Nicht alle Nymphensittiche akzeptieren ein Badehaus, einige möchten lieber duschen.

Pflegeplan

Tägliche Arbeiten	✔ Futter- und Wassernäpfe entleeren und säubern. ✔ Futter und Wasser frisch auffüllen. ✔ Große Kotansammlungen mit einer Spachtel entfernen. ✔ Vogel auf Krankheitsanzeichen untersuchen. Verhalten beobachten, ebenso Futter- und Wasseraufnahme.
Wöchentliche Arbeiten	✔ Bodenschale oder Sandschub entleeren, auswaschen und trocknen. ✔ Käfig und Kletterbaum mit frischem Sand befüllen. ✔ Äste am Kletterbaum und Stangen im Käfig abwaschen. ✔ Herumfliegende Federn und Federstaub beseitigen.
Monatliche Arbeiten	✔ Gitterstäbe des Käfigs reinigen. Käfig heiß abbrausen. ✔ Oberste Sandschicht unter dem Kletterbaum etwa 2 cm abtragen. ✔ Kaputte Äste und Stangen ausbessern oder erneuern.

Bevor sich Nachwuchs einstellt

Es ist relativ leicht, Nymphensittiche zu züchten. Da sie Papageienvögel sind, ist ihre Zucht nur nach Genehmigung durch das örtliche Veterinäramt erlaubt.

Um diese Erlaubnis zu erhalten, müssen Sie
✔ einen Quarantäneraum nachweisen
✔ dem Beamten die Unterbringung der Vögel zeigen
✔ eine mündliche Sachkundeprüfung ablegen über Vogelhaltung, Krankheiten und deren Erkennen sowie Behandlung
✔ Wissen über Tierschutz, Haltung und Pflege nachweisen.

Nach bestandener Prüfung erhalten Sie die schriftliche Genehmigung, Fußringe zu bestellen. Nymphensittiche dürfen nämlich nur – wie alle Papageien – mit offiziellen Fußringen abgegeben werden. In einem Nachweisbuch müssen Sie die Zu- und Abgänge von Vögeln eintragen (→ Seite 16).

Der Zuchtkäfig

Nymphensittiche züchten in fast jeder Behausung. Der Käfig sollte aber mindestens so groß sein, daß nicht nur ein Nistkasten Platz hat, sondern später für einige Zeit auch noch die Jungvögel. Je größer, desto besser. Gut geeignet ist eine Voliere.

Das Anbringen des Nistkastens außen am Käfig läßt den Vögeln etwas mehr Raum und erleichtert Ihnen die nötigen Kontrollen.

Nistkästen werden in hohen und liegenden Formen angeboten. Bei einem hohen Kasten sollte die Fläche des Bodenbretts 26 bis 30 x 30 cm messen, die Höhe der Seitenwände 35 bis 40 cm. Beim liegenden Nistkasten ist die Bodenfläche ungefähr 30 x 40 cm groß, die Höhe der Seitenwände beträgt 25 cm. Das Bodenbrett sollte eine Dicke von 3,5 cm haben, die Seitenwände können dünner sein.

Für alle Nistkästen gilt:
✔ Das Einschlupfloch muß einen Durchmesser von 8 bis 9 cm aufweisen.
✔ Eine Schicht Hobelspäne und etwas Torfmulch dienen als Nistmaterial.
✔ Da manche Weibchen die Einstreu wieder hinaustragen, ist es ratsam, im Boden des Nistkastens eine Mulde zu schaffen, die ein Wegrollen der Eier unter dem brütenden Weibchen verhindert.
✔ Nistmaterial und Nistkasten aus unbehandeltem Holz.
✔ Auf- und Absteighilfe unter dem Einschlupfloch innen. Dies können eine Holzleiter oder ein paar Holzleisten sein.
✔ Abnehmbarer Deckel oder Kontrollklappe, durch die man das Innere betrachten kann.

Sehr beliebt sind Nistkästen aus einem ausgehöhlten Stamm. Der Vorteil ist sein besseres Mikroklima im Inneren und seine natürliche rauhe Innenfläche, die das Ein- und Aufsteigen erleichtert. Auch hier auf die Unschädlichkeit des Holzes achten.

Das Zuchtpaar

Zur erfolgreichen Zucht brauchen Sie ein geschlechtsreifes Paar, das miteinander harmoniert. Zur Geschlechtsbestimmung → Seite 11. Obwohl Nymphensittiche bereits mit 7 bis 9 Monaten geschlechtsreif sind, sollten sie erst im Alter von etwa 1 Jahr das erste Mal brüten.

Ein Pärchen bleibt meist ein Leben lang zusammen. Gegenüber anderen Paaren und Einzelvögeln ist es recht tolerant. Streit gibt es nur, wenn ein schon verpaarter Vogel von einem anderen Vogel umworben wird oder wenn sich zwei Paare für den gleichen Nistkasten entschieden haben. Um dies zu verhindern, sollten Sie in einer Gemeinschaftsvoliere gleich viele Männchen und Weibchen unterbringen und mehrere gleiche Nistkästen aufhängen.

Beobachtungen während der Balz

Wenn zwei Vögel Gefallen aneinander finden, sitzen sie sehr eng beieinander. Nun gelten sie als verlobt. Fortan machen sie fast alles gemeinsam. Auch krault das Männchen den Kopf des Weibchens und verteilt Küßchen.
Zur Paarfestigung trägt das Männchen einen Balzgesang vor – ein melodisch-rhythmisches Pfeifen. Dazwischen läuft es mit gespreizten Flügeln auf der Stange auf und ab und klopft zeitweise mit dem Schnabel darauf, um dem Weibchen zu imponieren. Nicht selten stellt es dabei seine Federhaube auf. Der Hahn umtrippelt das Weibchen, zeigt die weißen Flügelspiegel, verbeugt sich oft und richtet seine Schwanzfedern zu einem Fächer auf.

Durch ausgiebiges Kraulen wird die Paarbindung gefestigt.

Eiablage und Brut

Etwa eine Woche nach der Paarung beginnt das Weibchen mit der Eiablage. Im Abstand von 2 Tagen legt es 4 bis 6 Eier, in Ausnahmefällen auch einmal mehr. Obwohl sich beide Elternteile häufig im Nistkasten aufhalten, beginnen sie mit der Brut oft erst nach dem dritten Ei.
Das Weibchen brütet meist nachts und wenn erforderlich auch am Tag. Dies hängt ganz von der Brutbereitschaft des Männchens ab.
Etwa 18 bis 21 Tage nach Beginn der Eiablage schlüpfen die Küken in der Reihenfolge, wie die

Eier gelegt wurden. Die später geborenen Jungvögel sind zwar kleiner als ihre Geschwister,
werden jedoch von den Eltern meist genauso
fürsorglich behandelt.

Einige Tips zur Brut

✔ Die Vögel benötigen viel Ruhe. Manipulatio-
nen am Nistkasten auf ein Minimum reduzie-
ren. Dies stört die Eltern, und junge Paare verlassen nicht selten ihr Nest.

✔ Bei Nestkontrollen möglichst warten, bis
kein Altvogel mehr im Nistkasten ist. Die Tiere
verteidigen ihre Brut recht gut.

✔ Gleichbleibende Temperatur von etwa 22°C
und eine relative Luftfeuchte von zirka 60 %
sorgen für gute Schlupfergebnisse.

✔ Eier kann man mit einer starken Glühbirne
kontrollieren, ob sie befruchtet sind: Befruch-
tete Eier zeigen nach etwa 8 Tagen ein Ader-
geflecht, später sind sie dunkel. Unbefruchtete
Eier sind durchsichtig. Nur faulende Eier sind
auch dunkel.

✔ Unbefruchtete Eier nicht gleich entfernen,
Sie regen dadurch das Weibchen zum Nachle-
gen an; außerdem stützen und wärmen die Eier
oft die Küken.

✔ Verschmutzte Eier nicht säubern. Die Eier
sind mit einer Schutzschicht überzogen.

✔ Ist bei großen Gelegen nach einiger Zeit der
Nistkasten arg mit Kot verschmutzt, Junge in
eine Schüssel setzen und die Streu im Nistkasten erneuern. Dies aber nicht zu oft machen.

✔ Verfüttern Sie Aufzuchtfutter während der
Brutzeit. Es ist ein gehaltvolles Keimfutter, dem
ein Teil an tierischen Proteinen zugesetzt wird,
wie hartgekochtes Ei, handelsübliches Eifutter
oder Weichfutter für Insektenfresser.

Ungewolltes Brüten, was nun?

Auch ein einzeln gehaltenes Weibchen kann Eier legen. In diesem Fall dürfen Sie die Eier nicht

*Bei der eindrucksvol-
len Balz werden Flügel
und Schwanzfedern fächer-
artig abgespreizt.*

entfernen, weil die Henne die fehlenden Eier
sofort nachlegt. Dies belastet das Tier mehr, als
auf den unbefruchteten Eiern zu brüten.
Einem Paar, mit dem Sie nicht züchten wollen
oder dürfen, auf keinen Fall einen Nistkasten
anbieten. Legt das Weibchen trotzdem Eier,
dürfen Sie diese zum Schutz des Weibchens
nicht entfernen; stechen Sie die Eier statt dessen an beiden Polen mit einer dicken Nadel tief
an. Aus diesen Eiern können sich dann keine
Jungen entwickeln. Auch das Austauschen der
Eier gegen Kunsteier ist möglich. Verläßt das
Weibchen dann nach einiger Zeit das Gelege,
können Sie die Eier entfernen.

Die Entwicklung der Jungvögel

Alter	Gewicht	Aussehen	Verhalten
Frisch geschlüpft	Etwa 4 - 5 g	Rosa Haut, mit gelben Dunen bedeckt, kahler Kopf, Augen geschlossen, Füße, Schnabel und Krallen fleischfarben; Unterschnabel breit wie eine kleine Schaufel	Können nicht sitzen, den Kopf nicht heben, werden mit fast flüssiger Nahrung, der sogenannten Kropfmilch, gefüttert
4. - 5. Tag	Etwa 15 g	Augen beginnen sich zu öffnen	Deutlich hörbare laute Bettelrufe
10. Tag	Etwa 35 g	Augen vollständig geöffnet, erste kleine Federchen, auf dem Kopf die ersten Federn der Haube sichtbar	Können bereits den Kopf heben und leise zischen; werden immer mehr mit vorverdauten Körnern gefüttert; pumpende Körperbewegungen beim Betteln nach Futter
12. - 27. Tag	40 - 60 g	Verlieren Eizahn, Schnabel ist ausgehärtet, die ersten Federkiele platzen auf, zum Teil ist schon die spätere Farbe erkennbar	Können Eltern erkennen, Zischen bei vermeintlichen Feinden
28. - 35. Tag	Etwa 80 g	Gefieder nahezu vollkommen ausgebildet, etwas matter gefärbt als Altvögel	Trainieren im Nistkasten ihre Flügel, fliegen kurz darauf aus, können zwar gleich fliegen, müssen aber erst üben
Mit etwa 35 - 40 Tagen	80 - 100 g	Gefieder vollständig	Beginnen allmählich selbständig zu fressen, Anteil der elterlichen Fütterung nimmt immer mehr ab
Etwa 6 Monate	80 - 100 g	Mauser in das farbintensivere Erwachsenengefieder	Vollkommen selbständig
9 Monate	80 - 100 g	Wie Erwachsene gefärbt	Sie sind geschlechtsreif

VERHALTEN UND BESCHÄFTIGUNG

Nymphensittiche leben schon lange in Gesellschaft des Menschen und gelten als domestiziert. Trotzdem haben sie sich noch einige Verhaltensweisen aus ihrem Wildvogeldasein bewahrt, die Sie kennen sollten, um Ihren Nymphensittich richtig zu verstehen und zu beschäftigen.

Was er alles kann

Es gibt fast nichts Neugierigeres als einen zahmen Nymphensittich. Alles, was irgendwie interessant aussieht, ihm gefällt oder durch ein Geräusch auf sich aufmerksam macht, wird eingehend begutachtet und untersucht. In seiner australischen Heimat hat dies den Sinn, neuen Umweltsituationen gewachsen zu sein und mit veränderten Bedingungen in seinem Lebensraum zurechtzukommen. Bei Ihnen zu Hause kann es dadurch natürlich zu lustigen, aber manchmal auch zu gefährlichen Situationen kommen.

✔ Betätigen Sie im Beisein Ihres Nymphensittichs die Wasserspülung im WC, schaut er gebannt, woher das Wasser kommt. Wagt er sich zu weit über den Rand des Beckens, kann der Vogel hineinfallen und sogar ertrinken, wenn Sie nicht zugegen sind.

✔ Alles Neue wird mit dem Schnabel und der Zunge erkundet, nachdem es der Vogel eingehend betrachtet hat. Dadurch sind die Region am Kopf und der Schnabel besonders gefährdet,

Hat sich ein Paar einmal gefunden, unternimmt es alles gemeinsam.

etwa durch ein heißes Bügeleisen oder durch giftige Substanzen.

✔ Wiederholen sich bestimmte Dinge regelmäßig, so hat der Nymphensittich schnell den Mechanismus durchschaut. So dauert es nicht lange, bis er begreift, wo und wie er aus dem Käfig herauskommt. Ist die Tür aber verschlossen, wird er den Verschluß eingehend untersuchen. Ist dieser nicht besonders schwergängig, gelingt es dem Vogel oft rasch, ihn zu öffnen und sich selbst Freiflug zu verschaffen. Die Gefahr des Entfliegens ist bei geöffneten Fenstern dann besonders groß.

Typische Tätigkeiten

Die Gefiederpflege ist für wildlebende Vögel eine der wichtigsten Tätigkeiten überhaupt, denn nur ein intaktes Federkleid gewährt Schutz vor Wetterunbilden und gewährleistet schnelle Flucht vor Feinden. Aber auch in Gefangenschaft gehaltene Vögel putzen sich täglich mehrmals. Ein Nymphensittich kann 2 bis 3 Stunden, allerdings mit Unterbrechungen, mit dem Ordnen, Putzen und Sortieren seines Gefieders beschäftigt sein. Die einzelnen Federn werden dabei durch den Schnabel gezogen und dadurch von Staub und ähnlichem gereinigt sowie geglättet. Dann werden sie mit Fett aus einer speziellen Drüse, der Bürzeldrüse, wasserdicht gemacht, um auch bei Regen fliegen zu können und nicht bis auf die Haut naß zu werden und zu frieren. Diese Drüse sitzt am Ende des Rückens, kurz vor dem Schwanzansatz. Mit dem Schnabel holt der Vogel das ölige Sekret aus der Drüse und verteilt es gleichmäßig im Gefieder. Die Kopffedern reibt er direkt über die Drüse, weil er sie mit dem Schnabel nicht erreicht.

Durch Kratzen, ebenfalls eine normale Tätigkeit am Tag, werden Schmutzpartikel aus dem Gefieder entfernt und Juckreiz gestillt. Wenn sich Ihr Vogel sehr häufig oder ständig an einer Stelle am Körper kratzt, sollten Sie die Ursache dafür durch einen Tierarzt ergründen lassen. Möglicherweise ist der Vogel von Parasiten befallen (→ Seite 53). Am Kopf kratzt sich der Nymphensittich, indem er den Fuß unter dem Flügel hindurch nach oben führt.

Ausschütteln des Gefieders können Sie mehrmals am Tag, besonders am Morgen beobachten. Dabei geht eine Art Rüttelbewegung durch den ganzen Körper. Dies dient zum einen dazu, Staub loszuwerden, zum anderen, um die Federn zu ordnen und in die richtige Lage auf dem Körper zu bringen und um dadurch jederzeit sofort einsetzbar zu sein. Aber auch zur Entspannung nach einer aufregenden Situation schüttelt der Vogel sein Gefieder.

Ein kurzes Plustern der Maske, das heißt ein Aufstellen der Kopffedern, kann die Reaktion auf ein ungewohntes Ereignis sein. Nymphensittiche sind in der Lage, nur diese Federn vom Körper abstehen zu lassen, also zu plustern. Dies sieht man oft bei Jungtieren, was ihnen ein noch niedlicheres Aussehen verleiht, da ihr Kopf runder und dicker wirkt. Kurz vor dem Einschlafen oder beim Dösen plustern auch die Alttiere ihre Kopffedern.

Um an begehrtes Futter zu gelangen, erweisen sich Nymphensittiche als wahre Akrobaten.

Beim Plustern des ganzen Gefieders werden alle Federn am ganzen Körper abgestellt. Die Federn liegen nicht mehr auf der Haut auf. Dadurch entsteht eine Art Luftpolster zwischen Haut und Federn, das isolierend wirkt. Die Nymphensittiche plustern ihr Gefieder vor allem, wenn ihnen kalt ist, manchmal auch beim Schlafen. Sitzt ein Vogel den ganzen Tag, auch wenn es nicht sonderlich kalt ist, mit aufgeplustertem Gefieder auf einer Stelle, so ist dies ein ernstzunehmender Hinweis auf eine Krankheit oder ein Unwohlsein. Oft sitzt der Vogel dann auch nur auf beiden Beinen, niemals auf einem Bein, da er dazu zu schwach ist.

Das Schnabelwetzen können Sie auf jeden Fall nach einer Mahlzeit, aber auch ab und zu sonst am Tag beobachten. Dabei reiben die Nymphensittiche ihren Schnabel am Gitter, lieber jedoch an einem Ast. Besonders geeignet sind hierfür Naturzweige. Durch das Schnabelwetzen werden Futterreste, besonders Obst oder Eifutter, das leicht am Schnabel festklebt, entfernt und der Schnabel gereinigt. Ist der Vogel sehr erregt, dann dient das Schnabelwetzen als eine Art Übersprungshandlung dazu, die Situation zu entschärfen. Durch das Wetzen werden auch kleine Unebenheiten auf der Schnabeloberfläche beseitigt.

Das Wetzen des Schnabels kann aber auch ein Zeichen der Begrüßung sein, etwa weil Sie nach längerer Zeit wieder zu Ihrem Nymphensittich zurückkommen. Am besten antworten Sie Ihrem

Auch die Nahrungsaufnahme dient der Beschäftigung des Vogels.

Vogel dann wie ein Artgenosse, indem Sie mit dem Fingernagel ähnliche Bewegungen am Ast ausführen.

Gähnen können alle Papageienvögel. Sie tun es in der Regel, weil sie aus Sauerstoffmangel müde werden. Gähnt Ihr Nymphensittich am Tage, sollten Sie gründlich lüften.

Beim Niesen macht der Vogel ein Geräusch, das dem Niesen eines Menschen ähnelt. Dies hat aber meist nichts mit einem Schnupfen zu tun, denn dabei hat der Nymphensittich auch Nasenausfluß, sondern es handelt sich um einen Reinigungsvorgang der Nase, ähnlich unserem Schneuzen.

VERHALTEN
DOLMETSCHER

Wollen Sie die Nymphensittichsprache lernen, müssen Sie die Verhaltensweisen Ihres Nymphensittichs richtig deuten können.

☞ *Dieses Verhalten zeigt mein Nymphensittich.*

❓ *Was drückt mein Nymphensittich damit aus?*

❗ *So reagiere ich richtig auf sein Verhalten!*

☞ Der Vogel zieht eine Feder durch den Schnabel.

❓ Er putzt und glättet die Feder.

❗ Reißt er sich keine Federn aus, nicht stören.

Diese zwei Nymphen- ☞ sittiche keifen sich an.

❓ Es herrscht Unstimmigkeit.

❗ Kommt es zu einem ernsten Streit, müssen Sie die beiden trennen.

Der Nymphensittich ☞ kratzt sich am Kopf.

Das Tier putzt sich. ❓

❗ Wenn nicht immer nur eine Stelle geputzt wird, gehört es zum Tagesablauf.

☞ Der Vogel streckt Flügel und Bein.

❓ Er hat eine Tätigkeit, wie Putzen, beendet.

❗ Widmen Sie sich nun Ihrem Vogel, er ist entspannt.

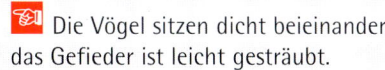

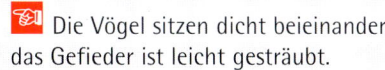 Die Vögel sitzen dicht beieinander, das Gefieder ist leicht gesträubt.

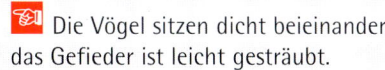 Die Tiere wollen gemeinsam dösen.

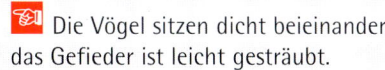 Bitte einige Zeit nicht stören.

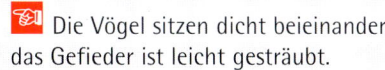 Zwei Tiere putzen sich gleichzeitig.

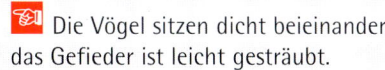 Dieses Sozialverhalten weist auf ein »verheiratetes« Paar hin.

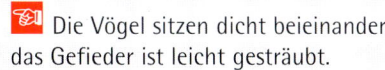 Genießen Sie dieses Schauspiel, ohne zu stören.

Ein Vogel 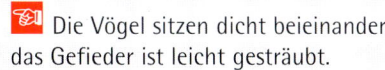 krault den anderen am Nacken.

So zeigen 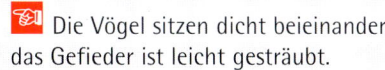 Nymphensittiche ihre Zuneigung zueinander.

Die Zweisamkeit beobachten, 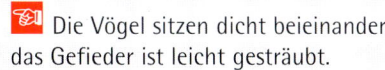 eventuell Nistkasten anbieten.

 Der Vogel schüttelt sich mit raschelndem Geräusch.

 Er ordnet seine Federn.

 Er ist nun bereit, etwas zu unternehmen. Beschäftigen Sie sich mit ihm.

 Der Nymphensittich hebt die Flügel an.

 Er lockert seine Muskulatur.

 Geben Sie ihm die Möglichkeit zum Freiflug.

Typische Bewegungen und Haltungen

Diese Bewegungen können Sie bei Ihrem Nymphensittich regelmäßig beobachten.

Das Ausstrecken der Beine ist eine der typischsten Bewegungen. Hierbei wird ein Bein und der dazugehörige Flügel nach hinten ausgestreckt und dann zurückgezogen, wobei die Zehen zusammengezogen werden. Man kann diese Bewegung damit vergleichen, wenn Sie sich strecken. Es dient der Entspannung ermüdeter Muskeln und anderer Körperteile.

Den Schnabel ins Rückengefieder stecken ist eine weitere typische Stellung. In dieser Körperhaltung schlafen die Nymphensittiche, wenn sie sich sicher fühlen. Dabei dreht der Vogel seinen Kopf um 180°, der Schnabel ist auf das leicht aufgeplusterte Rückengefieder gebettet.

Auch beim Putzen des Rückengefieders drehen die Vögel ihren Kopf soweit nach hinten.

Das Ruhen auf einem Bein dient der Entspannung und Entlastung dieses Beines. Die Vögel schlafen häufig in dieser Stellung. Auch tagsüber ruhen sie, indem sie ein Bein anziehen. In Freivolieren gehaltene Vögel, die auch die kältere Jahreszeit draußen verbringen, ziehen das jeweilige Bein an, um es anzuwärmen. Nymphensittiche, die nur ein Bein haben, sollen deshalb den Winter nicht in Freivolieren verbringen.

Besonders lustig sieht es aus, wenn der Nymphensittich erst das Bein nach hinten ausstreckt, es dann theatralisch nach vorne holt, um es anschließend in seinem Bauchgefieder verschwinden zu lassen.

Das gleichzeitige Anheben beider Flügel ist eine weitere Entspannungsübung. Diese Bewegung können Sie auch beobachten, wenn es sehr heiß ist, denn dadurch gibt der Vogel Wärme ab. Auch beim genüßlichen Duschen hebt der Vogel beide Flügel, um möglichst viel Wasser abzubekommen.

Das seitliche Wegstrecken beider Flügel ist Teil der Balz des Männchens (→ Seite 37).

Die senkrecht aufgerichtete Haube des Männchens ist Zeichen seiner Erregung beim Betören des Weibchens.

Diese Bewegung ist eine Art Imponiergehabe, um die Auserwählte für sich zu gewinnen. Der Kopf wird dabei gesenkt, der Körper in eine steile Schräglage gebracht, und der Schwanz zeigt steil nach oben. Ist Ihr Vogel auf Menschen geprägt, kann es sein, daß er Sie auf diese Weise anbalzt. Werten Sie dies als Kompliment Ihres Vogels.

Was die Federhaube verrät

Stellung der Federhaube	Was bedeutet das?
Die Haube liegt fast waagerecht am Kopf an, die Spitze zeigt leicht nach oben. Die Federn sind völlig glatt.	Der Vogel ist ruhig und entspannt.
Die Haube ist senkrecht aufgerichtet.	Der Vogel macht etwas, das seine Aufmerksamkeit erfordert, er ist interessiert. Er untersucht etwas Neues.
Die Haube ist aufs Äußerste gestrafft und fast nach vorne gerichtet.	Dies ist ein Zeichen größter Erregung und Anspannung sowie von Konzentration.
Der Nymphensittich kippt seine Haube nach hinten und faucht. Der Kopf wird dabei nach vorne gestreckt.	Der Vogel ist ängstlich und unsicher, er fürchtet sich vor etwas.

Sinneswahrnehmungen

Der Gesichtssinn ist der am besten entwickelte Sinn der Nymphensittiche. In Gefangenschaft wie in freier Natur fühlen sich Nymphensittiche am sichersten, wenn sie von einem erhöhten Punkt aus die Umgebung beobachten können, etwa um einen potentiellen Feind rechtzeitig zu sehen und zu flüchten oder sich verstecken zu können. Ist keine Gefahr zu erkennen, so fühlt sich der Vogel wohl. Deshalb soll der Käfig nie zu niedrig stehen.

Auf Neuerungen in seiner Umgebung reagiert der Nymphensittich erst einmal mit Skepsis, dann jedoch oft mit Neugierde. Das neue Objekt wird längere Zeit beobachtet und eingehend begutachtet. Darum ist es gut, wenn Sie in der Eingewöhnungsphase keine Veränderungen in der Umgebung des Vogels vornehmen. Dies gilt auch für Ihre Kleidung.

Das Farbensehen ist bei Vögeln recht gut ausgeprägt, da in ihrem natürlichen Lebensraum Farben eine Rolle spielen – sei es in der Balz, bei der Nahrungssuche oder beim Erkennen von Feinden. Die Augen liegen wie bei den meisten Tieren seitlich am Kopf. Das ermöglicht ihnen fast eine Art »Rundumblick«. Das bedeutet, daß Nymphensittiche auch sehen können, was hinter ihnen passiert.

Um beim schnellen Fliegen nichts zu verpassen, können Vögel etwa fünfmal mehr Bilder pro Sekunde mit den Augen aufnehmen und verarbeiten als der Mensch.

Der Gehörsinn ist sehr gut ausgebildet. Er ist wichtig, um sich in der Natur untereinander über weite Strecken zu verständigen. Der Tonumfang entspricht fast dem des Menschen. Laute, die der Vogel oft hört und die ihm vertraut sind, erregen seine Aufmerksamkeit nicht. Laute, die er nicht kennt, können den Nymphensittich sehr erschrecken, auch wenn sie recht leise sind. Klassische Musik empfindet er als beruhigend, wenn sie nicht zu laut gespielt wird. Der Staubsauger kann dagegen ein Gerät sein, das ihm Mißmutstöne entlockt.

In der Natur ist der Geschmackssinn nicht von übermäßiger Bedeutung. Was bekömmlich ist, wird vor allem von den Eltern gelernt. Auch persönliche Erfahrungen spielen eine Rolle. Allerdings ist das Nahrungsspektrum in der Heimat der Nymphensittiche nicht so groß, als daß sie wählerisch sein könnten. In der Regel prüfen wildlebende Nymphensittiche die Nahrung zuerst mit der Zunge und sondern dabei Ungenießbares oft schon aus, bevor sie es richtig schmecken.

In Gefangenschaft gehaltene Vögel können recht wählerisch sein und stellen Sie mit ihrer »Sturheit«, nur solche Sachen zu essen, die ihnen schmecken, auf eine harte Probe. Salz mögen anscheinend fast alle Stubenvögel gern.

Der Inhalt dieser Korbente wird konzentriert untersucht, wie die Stellung der Haube verrät.

Ab und zu ein Stück Laugenbrezel kann somit den Speiseplan bereichern. Doch Vorsicht: Zuviel Salz schadet der Niere. In der Natur wird der Salzbedarf durch die Aufnahme mineralhaltiger Erde und Pflanzen gedeckt.

Über den Geruchssinn wissen wir bei den meisten Vögeln nur recht wenig. Es ist jedoch sehr wahrscheinlich, daß verschiedene Gerüche wahrgenommen werden. Dies gilt etwa für Rauch oder für Substanzen, deren Geruch stark reizt. Schon aus diesem Grund sollten Sie in der Nähe der Vögel nicht rauchen.

Lautäußerungen

Fühlt sich ein Nymphensittich bedroht, stört ihn etwas oder balzt ein Männchen, so kann er schon mal recht laut werden. Dieser Umstand hat den Nymphensittichen bei Vogelhaltern den Ruf eingebracht, sehr laute Vögel zu sein. Dies trifft aber nur für einzeln gehaltene Vögel und in bestimmten Situationen zu. Im allgemeinen kommunizieren Artgenossen untereinander oder Vögel mit Menschen relativ leise.

Nymphensittiche antworten auf Rufe von Artgenossen und auf ihren Pfleger. Im Flug ausgestoßene Kontaktrufe sind recht gut zu hören und dienen dem Zusammenhalt im Schwarm. Das Fauchen, das auch Jungvögel schon ausstoßen, ist eine Art Abwehrton. Er ist jedoch nicht besonders laut.

Typische Schreier sind in der Regel stark vernachlässigte Tiere, die sich allein fühlen und langweilen. Ist Ihr Vogel ein Schreier, sollten Sie die Haltungsbedingungen überprüfen und wenn Sie nichts ändern können, den Vogel lieber an einen geeigneteren Halter abgeben. Als Alternative können Sie ihm einen zweiten Vogel dazugesellen.

Fühlt sich Ihr Nymphensittich jedoch bei Ihnen wohl, werden Sie niemals feststellen, daß seine stimmliche Kommunikation mit Ihnen störend ist. Seinen Pfleger begrüßt der Nymphensittich stets mit einem freudigen Laut. Das Verlassen des Raums quittiert er mit einem Laut der Enttäuschung.

Ein vermeintlicher Artgenosse im Spiegel wird vom Nymphensittich eingehend gemustert.

TIP

Lustige Beobachtungen

Ein neues Spielzeug wird Ihr Nymphensittich anfangs mißtrauisch beäugen. Beobachten Sie dabei die Stellung der Haube! Nicht selten wird der neue Gegenstand erst einmal angefaucht.

Merkt der Vogel, daß keine Gefahr von dem Spielzeug ausgeht, wird er den Gegenstand untersuchen, beknabbern und mit der Zunge betasten. Hierbei äußert er manchmal leise quietschende Laute und vergißt fast seine Umwelt.

Ähnliche Beobachtungen können Sie machen, wenn Sie im Flugzimmer etwas verändern. Dadurch können Sie Abwechslung in den Alltag bringen. Allerdings sollten Sie nicht zu häufig Neuerungen vornehmen, dies verursacht Streß, weil sich der Vogel immer umgewöhnen muß.

Spielen

Um seine Intelligenz nicht verkümmern zu lassen, ist es ratsam, entweder wenigstens zwei Tiere zu halten oder sich mit einem Einzelvogel viel auseinanderzusetzen. Wenn das nicht möglich ist, sollten Sie dem Vogel Spielzeug zur Abwechslung anbieten.

Spielzeug aus Holz, wie Ringe, Leitern oder aneinander gereihte Holzrollen an einer Kette, ist sehr beliebt.

Spiegel geben vor, ein Artgenosse ist zugegen. Da Glasspiegel jedoch leicht zerbrechen, sollten Sie einen Metallspiegel wählen; damit kann der Vogel zudem Lärm machen.

Kleine Glocken sind besonders reizend für den Nymphensittich.

Pappkartons und Papierschnipsel sowie Toilettenpapierrollen sind ein billiges Beschäftigungsmittel. Ein Nymphensittich kann Stunden damit verbringen, Konfetti herzustellen. Bedrucktes Papier sollten Sie jedoch wegen der Druckfarbe nicht anbieten.

Eine Holzleiter mit Sisal ist ein beliebter Spielplatz, der Abwechslung bietet.

Dabei sein ist alles

Sind Sie daheim, so sollten Sie einen zahmen Vogel in Ihre Aktivitäten einbeziehen.

✔ Beschäftigen Sie den Nymphensittich bei der täglichen Hausarbeit.

✔ Beim Tischdecken lieben es manche Vögel, Besteck vom Tisch zu schieben und dadurch Lärm zu machen. Manche Vögel haben Angst vor dem Staubsauger. Reden Sie beruhigend auf den Vogel ein und bringen Sie ihn in seinen sicheren Käfig. Bald merkt er, daß keine Gefahr droht, und oft geht er beim Anblick des Saugers schon von allein in seinen Bauer. Wenn der Vogel etwas anstellt, das Ihnen mißfällt, so rufen Sie energisch »Nein« oder »Pfui«. Nicht selten läßt der Vogel von seinem Vorha-

Nymphensittiche sind überaus neugierige Vögel.

ben ab. Wenn Sie konsequent sind, können Sie später nur mit diesem Ruf den Nymphensittich von dem abhalten, was er gerade vorhatte.

Zahme Nymphensittiche mögen immer Kontakt zu ihrem Pfleger haben.

*Mit Turnen und Klettern vertreiben sich
Nymphensittiche gern die Zeit.*

Dicke Schnüre laden zum Turnen und
Schaukeln ein (→ Seite 19).
Holzstifte werden gern zerbissen.
Vorsicht, manche Minen sind giftig. Mit Obstbaumzweigen von
den Stiften ablenken!
Kletterbäume (im Zoofachhandel
erhältlich) sind sehr beliebt.
Durch Aufhängen von Spielzeug
können Sie den Baum noch inter-
essanter machen. Der Baum sollte einen festen Platz haben und nicht
neben dem Käfig stehen,
damit der Vogel fliegen
muß. Ihr Vogel sollte
sich dort aber nur
aufhalten,
wenn Sie an-
wesend sind.

Sprechen lernen

Im Nachpfeifen von Tönen oder ganzen
Strophen sind viele Nymphensittiche wah-
re Künstler. Diese Fähigkeit können Sie un-
terstützen, indem Sie dem Vogel die glei-
che Melodie immer wieder vorpfeifen.
Mit der Sprechbegabung ist es bei den
Nymphensittichen weniger gut bestellt.
Jedoch können Sie versuchen, verborgene
Talente zu entdecken und dann zu fördern:
✔ Wiederholen Sie die Worte, so oft es
geht.
✔ Benutzen Sie immer den gleichen Ton-
fall und auch immer die gleichen Worte
zu gleichen Gegebenheiten.
✔ Gehen Sie schrittweise vor: Erst lernt
der Vogel ein Wort oder einen ganzen
Satz, dann beginnen Sie mit einem neuen
Wort.
✔ Sorgen Sie beim Lernen für möglichst
wenig Ablenkung.
✔ Die beste Konzentration zeigt der
Vogel auf Ihrer Hand.
✔ Will es einmal nicht so recht
klappen, nicht gleich die Geduld
verlieren.
✔ Zwingen Sie Ihren Nym-
phensittich nicht zu Nachah-
mungen. Ist Ihr Vogel gänzlich
untalentiert, sollten Sie sich an
seiner Gesellschaft
erfreuen.

*Mit einem zahmen
Vogel spielen Kinder
gern – ein Spaß für
beide.*

GESUNDHEITSVORSORGE UND KRANKHEITEN

Trotz optimaler Haltungsbedingungen, guter Pflege und Ernährung kann auch Ihr Nymphensittich – wie alle Lebewesen – einmal krank werden. Wie Sie Krankheiten vorbeugen oder behandeln können und wie Sie den Vogelpatienten richtig betreuen, erfahren Sie in diesem Kapitel.

Vorbeugen ist besser als heilen

Dieser Rat gilt besonders für Vögel, denn sie lassen sich kaum anmerken, daß sie krank sind. Fällt Ihnen auf, daß mit Ihrem Vogel etwas nicht in Ordnung ist, ist es vielleicht schon recht spät.

Der Ernährungszustand spielt eine große Rolle. Nymphensittiche legen kaum Fettreserven an. Ein kranker oder geschwächter Vogel stellt in der Regel die Nahrungsaufnahme ein. Dies ist umso gefährlicher, weil Vögel bei den meisten Krankheiten zusätzlich abnehmen.

Verletzungen

Sie entstehen durch Katzen oder Marder, ferner durch Nistkastenstreitigkeiten oder Rangordnungskämpfe, aber auch durch Unachtsamkeit beim Freiflug (→ Seite 23).

Symptome für Verletzungen sind Blut auf dem Gefieder und/oder auf der Sitzstange. Zeigt sich nur wenig Blut, sollten Sie trotzdem den Vogel eingehend untersuchen.

Sehr kleine Wunden heilen von allein.

Nur ein gesunder Nymphensittich streckt und entspannt sich.

Größere Wunden betupfen Sie mit einem mit Eisendreichlorid getränkten Wattebausch, um die Blutung zu stillen, und danach mit einer Jodsalbe. Sehr starke Blutungen versuchen Sie vorsichtig abzudrücken, dann gehen Sie schnellstens zum Tierarzt.

Parasitenbefall

Als Parasiten kommen vor allem Rote Vogelmilben, Federlinge, Vogelläuse oder Grabmilben in Betracht. Ansteckung erfolgt meist über Kontakt mit anderen Vögeln.

Bei Befall mit der Roten Vogelmilbe ist der Vogel sehr unruhig, vor allem in der Nacht (dann saugen die Milben Blut), und putzt sich zwanghaft. Erwerben Sie beim Tierarzt ein Milbenmittel. Entfernen Sie alle in der Vogelbehausung befindlichen Holzteile oder reinigen Sie diese gründlichst. Ähnliches gilt für Federlinge.

Grabmilben verursachen die sogenannte Sittichräude. Die Milben leben an allen federlosen Stellen. Sie bohren sich dort in die Haut ein, was zu Auftreibungen führt.

Im Anfangsstadium betupfen Sie alle unbefiederten Körperregionen 10 Tage lang mit normalem Speiseöl. Stellt sich keine Besserung ein, den Tierarzt aufsuchen.

Krankheiten der Haut und Federn

Bei übermäßigem Krallen- oder Schnabel-
wachstum sollten Sie nicht gleich schneiden,
denn dies regt nur weiteres Wachstum an. Hängen Sie für den Schnabel einen Wetzstein in
den Käfig und bieten Sie häufig frische Zweige
zum Benagen an. Die Krallen nutzen sich am
besten an unterschiedlich starken Ästen ab.
Wenn Sie schneiden müssen, gehen Sie vorsichtig vor. Zu tiefes Kürzen verursacht Blutungen.
Zum Stillen von Blutungen → Seite 53.
Mißbildungen der Federn können angeboren
oder die Folge von Mangelernährung oder
Stoffwechselstörungen sein. Hier kann man
kaum etwas unternehmen. Stört die Feder den
Vogel nicht sonderlich, nichts unternehmen.
Behindert sie das Tier, sollte sie vom Tierarzt
gezogen werden.
Hautveränderungen, Verdickungen auf der Haut
oder Neubildungen haben viele Ursachen.
✔ Fettgeschwulste sind harmlos und kommen
bei älteren Tieren häufiger vor. Im frühen Sta-
dium ist ein chirurgisches Entfernen möglich.
✔ Federbalgzysten sind Federn, die in oder unter der Haut weiterwachsen. Hier muß der Tierarzt helfen.
✔ Die Bürzeldrüse, die sich oberhalb des
Schwanzansatzes befindet, kann verstopfen und entzündet sich dann.

Krankheiten des Verdauungstraktes

Vogelkot besteht sowohl aus dem eigentlichen
Kot (grün-braun) als auch aus dem weißen
Urin, der bei Vögeln nicht flüssig ist. Wenn
doch, deutet das auf Nierenprobleme hin.
Bei Durchfall ist der grün-braune Anteil des
Kotes flüssig, das Gefieder um die Kloake ver-
schmutzt oder der Kot blutig, der Vogel sitzt
matt herum. Hat ein Vogel einen Tag lang
Durchfall, verliert er viel Flüssigkeit und kann
aus der Nahrung kaum Energie herausziehen.

Ursachen können unter anderem verdorbenes
Futter, Aufnahme von giftigen Substanzen (→
Seite 25, 27) oder Bakterien sein. Um Anstek-
kung zu vermeiden, sollten Sie den Vogel von
seinen Artgenossen trennen und bis zum Tier-
arztbesuch mit Rotlicht wärmen. Lassen Sie
Obst und Grünzeug kurzfristig weg, verabrei-
chen Sie Tierkohle und Kamillentee als Tränke.
Traubenzucker in der Tränke liefert Energie.
Joghurt, noch besser Darmbakterien vom Tierarzt, überwuchern oft die Krankheitskeime.
Achtung: Reichliche Obstfütterung kann durch
die Obstsäure kurzfristig zu dünnem
Kot führen.
Ursachen einer Verstopfung
können falsche Ernährung,
Aufnahme von Fremdkör-
pern, ein Tumor oder eine
Geschwulst, die den After
verschließt, Legenot oder
Bewegungsmangel sein. Die
Ursachen sollten vom Tierarzt abgeklärt werden,
der auch eine Be-
handlung einleitet.

Stolz
präsen-
tiert das
Weibchen
seine langen
Schwung-
federn.

Krankheitsanzeichen erkennen

Das fällt auf	Mögliche Ursachen, selbst abzustellen	Kommt dies hinzu, sofort zum Tierarzt
Verweigerung der Nahrung	Verdorbenes Futter, ist satt, falsche Raumtemperatur, mag bestimmtes Futter nicht	Durchfall, Erbrechen, ständig aufgeplustert sein
Hervorwürgen von Körnern	Balzverhalten, Kropfentzündung, Parasitenbefall	Verklebtes Brustgefieder, Abmagern, saurer Geruch
Schweres Atmen, Atemgeräusche	Konditionsschwäche nach Anstrengung, heißes Wetter, hohe Raumtemperatur, stickige Luft, Fettleibigkeit	Rasselnder Atem, Piep- und Pfeifgeräusche (Lungenentzündung, Psittakose, → Seite 57), Pilzinfektion, Schwanzwippen, mit Schnabel in Gitter einhängen, um Luftröhre zu entlasten, Nasenausfluß
Häufiges Niesen	Trockene, staubige Luft, scharfe Gerüche, Fusseln in der Nase	Schwere Erkältung, Psittakose (→ Seite 57), starker Nasenausfluß, Blut, Eiter, tränende Augen
Breiiger Kot	Aufregung, viel Obst gefressen, kaltes Futter oder Wasser, Streß	Schaumige Bläschen, Blutbeimengungen, Farbabweichungen, Aufgeplustert sein, Parasiten, Magen-Darmentzündung
Starkes Pressen ohne Kotabsatz	Leichte Verstopfung	Kein Kot über längere Zeit, Schmerzäußerungen, Darmverschluß, Tumor, starke Verstopfung, Legenot
Ständiges Kratzen, Unruhe	Trockene Luft, fehlendes Badewasser	Kein Schlaf, Apathie, Federrupfen, Selbstverstümmelung, Parasiten, Hautinfektion, Hautpilz
Humpeln, Entlasten von Bein und/oder Flügel	Prellung, Zerrung	Schlaffes Herabhängen von Bein oder Flügel, offene Wunden, Knochenbruch, Nervenverletzung

Bei einer Kropfentzündung kann der Nymphen-
sittich seine Nahrung nicht mehr richtig vor-
verdauen. Niesen, Erbrechen von säuerlichem
Kropfinhalt und starkes Kopfschütteln sind die
ersten Symptome. Als Ursachen kommen
Fremdkörper, verdorbenes Futter, Bakterien,
Parasiten usw. in Betracht. Stellen Sie den
Nymphensittich beim Tierarzt vor.

Traumatisch bedingte Erkrankungen

Gehirnerschütterung entsteht beim Anfliegen
von Scheiben oder ähnlichem. Die Symptome
können vom Schiefhalten des Kopfes bis hin
zur völligen Bewußtlosigkeit reichen. Als erste
Maßnahme bringen Sie den Vogel in ein ruhi-
ges, abgedunkeltes Zimmer, vermeiden Sie jede

*Neben den Füßen dient der Schnabel als
weitere Greifhilfe.*

Beunruhigung und Erschütterung. Hat sich das
Tier etwas stabilisiert, gehen Sie zum Tierarzt.
Ursache von Lähmungen sind Vitaminmangel,
ein Tumor oder ein Ei bei Legenot, die auf Ner-
ven drücken können, Kalziummangel, Zerrun-
gen sowie eingewachsene Ringe. Den Ring kann
man mit einer Zange entfernen. Legenot oder
ein Tumor müssen vom Tierarzt behandelt werden. Mangelerscheinungen beugen Sie mit ab-
wechslungsreicher Fütterung vor.
Knochenbrüche sind oft Folgen eines Unfalls.
Der Bruch einer Zehe durch Einklemmen in der

Tür heilt meist von allein. Der Bruch eines Beines oder gar eines Flügels muß sofort vom Tierarzt gerichtet und fixiert werden, damit die Knochen nicht schief zusammenwachsen. Der Patient braucht absolute Ruhe und darf sich nicht bewegen.

Krankheiten der Atemwege

Diese reichen von Atembeschwerden, Atemgeräuschen über Atemnot bis hin zur Lungenentzündung. Zu trockene Luft läßt die Atemwegsschleimhäute austrocknen und krankheitsanfälliger werden. Auch Zugluft, Zigarettenrauch sowie Bakterien und Pilze können Auslöser sein. Klären Sie die Ursachen. Trockene Luft können Sie durch Luftbefeuchter, Zimmerspringbrunnen, Aquarium vermeiden.

An der Psittakose (Papageienkrankheit) können Menschen und Nymphensittiche schwer erkranken. Diese Bakterieninfektion äußert sich durch Schnupfen, Nasenausfluß, apathisches Verhalten, Bindehautentzündung. Der Vogel sitzt ständig aufgeplustert da. Der Mensch hat hohes Fieber. Sofortige Behandlung ist nötig.

Wenn der Gang zum Tierarzt nötig wird

Wenn Sie feststellen, daß sich im Aussehen oder Verhalten Ihres Vogels etwas verändert hat, sollten Sie zum Tierarzt gehen.
Klären Sie, noch bevor ein Notfall eingetreten ist, wo sich ein weiterer Tierarzt befindet oder ob es einen Notdienst gibt.
✔ Transportieren Sie den Vogel in seinem Käfig, wenn er nicht zu groß ist.
✔ Ist der Käfig zu groß, bringen Sie den Vogel in einer Transportbox zum Tierarzt. Darin kann sich der Nymphensittich nicht verletzen.
✔ Den Käfig niemals vorher säubern. Der Tierarzt kann die Beschaffenheit des Kotes prüfen und sieht, welche Einrichtung Sie verwenden.

Checkliste
Besuch beim Tierarzt

1 Fragen zur Anschaffung: Wie alt ist der Vogel? Seit wann ist er in Ihrem Besitz? Wo wurde er erworben?

2 Fragen zur Krankheit: Wie ist der Kot beschaffen (eventuell Probe mitnehmen)? Wann konnten Sie zum ersten Mal die Veränderungen beobachten? Was fiel Ihnen besonders auf? Hatte der Nymphensittich schon früher ähnliche oder andere Symptome oder Erkrankungen? Wurde das Tier vorbehandelt, wenn ja, wie lange und womit?

3 Fragen zum Futter: Was füttern Sie? Was geben Sie dem Nymphensittich als Tränke? Wann hat er zuletzt Grünzeug gefressen und welche Sorten? Gab es eine Futterumstellung?

4 Fragen zur Haltung: Kommt er an Schadstoffe wie Farben, Gardinenblei usw. heran? Haben Sie noch weitere Vögel/andere Tiere? Wo steht der Vogelkäfig? Sind Menschen im Bereich des Vogels erkrankt?

Ein kranker Vogel schläft oft auf der Erde.

Einen kranken Vogel erkennen Sie daran, daß er völlig apathisch mit trüben, glasigen Augen in einer Käfigecke oder auf der Stange sitzt.

Quarantäne

Halten Sie mehrere Nymphensittiche und einer leidet an einer ansteckenden Krankheit, sollte er isoliert werden. Setzen Sie den Vogel in einen separaten Käfig oder in eine sogenannte »Krankenbox«. Dies ist ein beheizbarer Käfig. Einen einzeln gehaltenen Vogel können Sie in seinem normalen Käfig pflegen.
Der Käfig mit dem kranken Vogel sollte in einem ruhigen, trockenen Raum stehen. Die Temperatur sollte ca. 22 bis 24°C betragen. Vermeiden Sie Streß und Aufregung.

Eingabe von Medikamenten

Beim Verabreichen von Medikamenten sollten Sie die Dosierungsanweisungen des Tierarztes befolgen. Dies ist besonders wichtig bei der Dauer der Medikation. Hören Sie zu früh mit der Eingabe auf, kann der Vogel einen Rückschlag erleiden.
Flüssige oder pulverisierte Medikamente verabreichen Sie über das Trinkwasser. Die Dosis im Wasser muß immer recht hoch sein, da Papageienvögel nicht viel trinken und somit mit dem wenigen Wasser genügend Medikament zu sich nehmen müssen.
Pulver können Sie auch über die Körner streuen. Wichtig ist, daß der Nymphensittich

Eingabe direkt in den Schnabel

Einem sehr schwachen Tier, das nicht selbst frißt oder trinkt, müssen Sie die Medizin direkt in den Schnabel eingeben. Fixieren Sie dazu den Vogel locker in einem Handtuch. Dann träufeln Sie das Medikament mit einer Einwegspritze ohne Nadel langsam in den Schnabel. Lassen Sie den Vogel immer wieder abschlucken.
Bei der künstlichen Ernährung mit Babybrei gehen Sie genauso vor. Auch hier müs-

nur dieses Futter erreichen kann. Stellen Sie einem stark geschwächten Tier Futter und Wasser in unmittelbare Nähe und polstern Sie den Boden des Käfigs mit einem Tuch, damit dem Vogel, wenn er herunterfällt, nichts passiert.

Auftragen von Salben

Fixieren Sie den Nymphensittich mittels eines Handtuches. Dann lassen Sie eine zweite Person mit einem Wattestäbchen die Salbe auf die entsprechende Stelle auftragen. Die Angst, daß der Nymphensittich Ihnen die Fangaktion für immer übelnimmt, ist in der Regel unbegründet. Das unliebsame Erlebnis wird meist mit dem Handtuch verbunden.

Medikamente gibt man am besten mit einer Spritze ein.

sen Sie darauf achten, daß der Vogel abschluckt.

Rotlichtbestrahlung

Rotlicht unterstützt die Heilung und dient als Wärmequelle.

✔ Bringen Sie die Lampe so am Käfig an, daß Sie die Bestrahlung Ihrer Hand in Höhe des Vogels als angenehm empfinden.

✔ Wasser muß immer zur Verfügung stehen.

✔ Lassen Sie die Lampe immer brennen.

✔ Dunkeln Sie in der Nacht die unbestrahlte Käfighälfte mit einem Tuch ab.

✔ Geht es dem Nymphensittich wieder besser, schalten Sie die Lampe in immer kleineren Abständen aus. Die Temperatur im Raum sollte langsam absinken.

Bestrahlen Sie nur eine Käfighälfte, damit der Vogel bei Bedarf ausweichen kann.

Beim Eingeben von Augentropfen wird der Nymphensittich ähnlich fixiert, dann träufeln Sie die Tropfen ein.

Desinfektion

Bei ansteckenden Krankheiten oder nach einer abgeschlossenen Krankenpflege sollten alle Utensilien, mit denen der Patient Kontakt hatte, desinfiziert werden. Fragen Sie Ihren Tierarzt nach einem geeigneten Mittel.

Stärkung schwacher Tiere

Ist die Krankheit besiegt, so sollte man alles daran setzen, die alte Konstitution wiederherzustellen. Gutes und abwechslungsreiches Futter, viel frische Luft und besondere Zuwendung können schon viel bewirken. Zusätzliche Vitamingaben und auch die Gabe von Propolispräparaten stärken die Körperabwehr.

Nach einer Operation

✔ Den Vogel zum Aufwachen in eine gut gepolsterte, abgedunkelte Kiste legen.

✔ Den Vogel möglichst nicht in der Hand halten, das engt oft die Atmung ein und ängstigt meist das Tier.

✔ Auf eine gerade Lage in der Kiste mit gestrecktem Kopf achten, aber keine Rückenlage.

✔ Zu Hause in die Krankenbox oder den Krankenkäfig setzen und noch einige Zeit beobachten.

✔ Nach einer schweren Operation für Wärme und Ruhe sorgen.

Kleine Notfallapotheke

✔ Telefonnummer des Tierarztes

✔ blutstillende Watte

✔ Jodsalbe

✔ Traubenzucker

✔ Tee

✔ kleine Schere, Zange, Pinzette, Lupe

✔ Verbandmull

Salbe tragen Sie mit einem Wattestäbchen auf.

Die halbfett gesetzten Seitenzahlen verweisen auf Farbfotos oder Zeichnungen.

Vorsicht beim Freiflug: Durch Aufnahme von Fremdkörpern drohen Krankheiten.

Adressen, die weiterhelfen

• AZ (Vereinigung für Artenschutz, Vogelhaltung und Vogelzucht e.V.), Postfach 1168, D-71501 Backnang

• Zoologische Gesellschaft Österreichs, Haus des Meeres, Esterhazypark 6, A-1060 Wien (Anfragen nur schriftlich)

Fragen zum Nymphensittich beantworten auch

Ihr Zoofachhändler und der Zentralverband Zoologischer Fachbetriebe Deutschlands e.V., D-63225 Langen, Tel.: 06103/910732 (nur telefonische Auskunft möglich)

Der ZZV (Zentralverband Zoologischer Fachbetriebe) hat einen bundesweiten Suchdienst für entflogene Vögel eingerichtet. Alle beringten Vögel können aufgrund der Fußringe identifiziert und ihrem Besitzer zugeordnet werden. Die Inanspruchnahme ist kostenlos.

Bücher, die weiterhelfen

(falls nicht im Buchhandel, dann in Bibliotheken erhältlich)

• Ebert, U.: Vogelkrankheiten. Verlag M. & H. Schaper, Alfeld/Leine.

• Hahn, U.: Vogelkrankheiten - Ursachen, Erkennung, Behandlung. Verlag M. & H. Schaper, Alfeld/Leine.

• Holzheimer, J. P.: Krankheiten der Käfig- und Volierenvögel. Natur-Verlag, Augsburg.

• Robiller, F.: Vogelkäfige und Volieren. Augustus Verlag, Augsburg.

• Schnabl, H.: Wild-, Kulturpflanzen, Futtermischungen und animalische Futterstoffe zur Vogelernährung. Albrecht Philler Verlag, Minden.

• Wolter, A.: Sittiche richtig pflegen und verstehen. Gräfe und Unzer Verlag, München.

Zeitschriften, die weiterhelfen

• *Gefiederte Welt.* Fachzeitschrift für Vogelliebhaber und Vogelzüchter. Eugen Ulmer Verlag, Stuttgart.

• *Die Voliere.* Vogel und Natur. Verlag M. & H. Schaper, Alfeld/Leine.

• *Papageien.* Fachzeitschrift über Haltung, Zucht und Freileben der Papageien und Sittiche. Arndt Verlag, Bretten.

• *WP-Magazin.* Zeitschrift für Vogelhalter. Arndt Verlag, Bretten.

- *AZ Nachrichten*. Vereinsnachrichten für Mitglieder der AZ.

- *Das Tier*. Hallwag Verlag, Brunnwiesenstr. 23, D-73760 Ostfildern.

Der Autor

Thomas Haupt, von Jugend an mit Tieren aufgewachsen, arbeitet seit 1992 als Tierarzt in eigener Praxis mit einem relativ großen Vogelanteil. Er hält viele Vögel, vor allem Sittiche und Papageien. Darüber hinaus unterhält er noch eine Pflegestation für verletzte Wildtiere.

Die Fotografin

Karin Skogstad arbeitet seit 1979 als freie Journalistin und Fotografin. Ihre Spezialgebiete sind Tiere und Pflanzen.

Der Zeichner

György Jankovics ist ausgebildeter Grafiker und studierte an den Kunstakademien von Budapest und Hamburg. Er zeichnet für eine Reihe angesehener Verlage Tier- und Pflanzenmotive. Für die GU Redaktion Natur hat er bereits viele Titel illustriert.

Dank

Der Autor dankt seinen Eltern, die ihn immer tatkräftig unterstützt haben, sowie seiner Familie, die ihm die Zeit für die Arbeit an diesem Buch ermöglicht hat. Die Fotografin dankt Herrn Karl Gerbl und Herrn Sepp Christ, daß sie ihre Vögel zum Fotografieren ausgeliehen haben, sowie Frau Regina Wolf, Frau Monika Dressel und Frau Birgit Kühl mit Sohn Lukas, daß sie deren Nymphensittiche fotografieren durfte.

Wichtige Hinweise

Menschen, die an einer Feder- beziehungsweise Federstauballergie leiden, sollten keine Vögel halten. Fragen Sie im Zweifelsfall vor der Anschaffung den Arzt.
Die Papageienkrankheit, auch Psittakose oder Ornithose genannt, ist eine Bakterieninfektion, die durch Einatmen von Kotstaub infizierter Vögel oder von deren Nasensekret auch auf den Menschen übertragbar ist (→ Seite 57). Gehen Sie im Zweifelsfall mit dem Nymphensittich zum Tierarzt, suchen Sie bei Erkältungs- oder Grippeerscheinungen unbedingt selbst den Arzt auf und weisen Sie ihn auf die Vogelhaltung hin.

An unsere Leserinnen und Leser
Wir freuen uns, Ihre Meinung zu diesem TierRatgeber zu erfahren. Bitte schreiben Sie uns, wenn Sie Berichtigungen und Ergänzungsvorschläge haben oder wenn Ihnen etwas besonders gut gefällt.

Gräfe und Unzer Verlag
Redaktion Natur
Stichwort:
TierRatgeber
Postfach 86 03 66
D-81630 München

Fotos: Buchumschlag und Innenteil

Umschlagvorderseite: Ein geperlter, ein gescheckter und ein wildfarbener Vogel.
Umschlagrückseite: Wildfarbener Nymphensittich.
Seite 1: Zwei wildfarbene Nymphensittiche.
Seite 2/3: Ein geschecktes Männchen krault ein geperltes Weibchen.
Seite 4/5: Bei diesen beiden gescheckten Nymphensittichen herrscht kein Futterneid.
Seite 6/7: Ein wildfarbener Nymphensittich an Salat.
Seite 64: Links ein wildfarbener, rechts ein geperlter Vogel.

Impressum

© 1998 Gräfe und Unzer Verlag GmbH, München. Alle Rechte vorbehalten. Nachdruck, auch auszugsweise, sowie Verbreitung durch Bild, Funk und Fernsehen, durch fotomechanische Wiedergabe, Tonträger und Datenverarbeitungssysteme jeder Art nur mit schriftlicher Genehmigung des Verlags.

Redaktion: Anita Zellner
Lektorat: Angelika Lang
Umschlaggestaltung und Layout:
Heinz Kraxenberger
Zeichnungen:
György Jankovics
Herstellung: Heide Blut/ Susanne Mühldorfer
Satz: Heide Blut
Produktion:
Penta Repro
Druck und Bindung:
Stürtz

ISBN   3-7742-3051-X

Auflage 4.   3. 2. 1.
Jahr   2001 2000 99 98

Der Experte gibt Antwort auf die 10 häufigsten Fragen zur Nymphen-sittich-Haltung.

1 Soll man einen oder wenigstens zwei Nymphensittiche halten?

2 Vertragen sich gleichgeschlechtliche Tiere untereinander?

3 Ist das Einverständnis des Vermieters beim Kauf nötig?

4 Kauft man beim Züchter oder in einem Zoofachgeschäft?

5 Wo finde ich einen besonderen Farbschlag?

6 Sind Nymphensittiche teuer?

7 Worauf sollte man beim Kauf vor allem achten?

8 Werden Nymphensittiche stubenrein?

9 Können Nymphensittiche einen Menschen verletzen, können sie für Menschen eine Gefahr darstellen?

10 Kann man einen Nymphensittich auch mit Essensresten füttern?

Nymphensittiche sind Schwarmvögel. Haben Sie wenig Zeit, sich voll und ganz um das Tier zu kümmern, so sollten Sie unbedingt wenigstens zwei Vögel halten.

Wenn keine Zuchtabsichten bestehen und es nur um die Haltung im Käfig geht, ist das Geschlecht der Vögel egal. Männchen und Weibchen untereinander vertragen sich gleich gut.

Wenn es sich um reine Stubenvögel handelt und deren Anzahl das normale Maß nicht überschreitet, braucht man den Vermieter nicht um Erlaubnis fragen.

Sind beide Institutionen sauber und ordentlich, so bleibt es sich gleich. Kaufen Sie dort, wo Sie Vertrauen haben und gut beraten wurden.

Ein guter Zoofachhändler kann in der Regel die gewünschte Farbe besorgen. Wenn nicht, wird er Ihnen einen seriösen Züchter nennen.

Gemessen an den Preisen für andere Papageienvögel, mit Ausnahme des Wellensittichs, eigentlich nicht. Teurer ist eher das Zubehör. Allerdings fallen laufend Kosten für Futter, Tierarzt usw. an.

Wichtig ist, daß der Nymphensittich gesund ist und aus einem Käfig stammt, in dem keine kranken Tiere gesessen haben. Ferner ist es wichtig, möglichst ein junges Tier zu erwerben.

Eigentlich nicht. Es ist sehr schwer, den Nymphensittich daran zu gewöhnen, nur im Käfig oder auf seinem Kletterbaum zu machen.

Nymphensittiche können sehr fest zubeißen. Sie gebrauchen aber ihren Schnabel nur als Waffe, wenn sie sich bedroht fühlen. Ganz selten können sie auf den Menschen Krankheiten übertragen (→ Seite 57).

Beschränkt sich dies auf Obst oder Nudeln, dann seien diese Ausnahmen ab und zu erlaubt. Ständiges Essen vom Tisch ist aber wegen der Gewürze schädlich.

Hilfe im täglichen Umgang mit meinem Nymphensittich

Kompetent • Praxisnah • Einfühlsam

Das Häubchen unternehmungslustig hochgestellt und mit neugierigen Blicken fordert der Nymphensittich »seinen« Menschenpartner zum Spielen auf.

Typisch Nymphensittich: Unverwechselbare Eigenschaften meines Tieres auf einen Blick.

ExpertenRat: Kompetente Antworten auf die 10 häufigsten Fragen zur Nymphensittich-Haltung.

VerhaltensDolmetscher: Was mein Nymphensittich mit seinem Verhalten ausdrücken will.

PraxisSeiten: Richtige Eingewöhnung, Ernährung und Beschäftigung Schritt für Schritt.

■ **Im Porträt:** Die schönsten Farbschläge des Nymphensittichs.

■ **Mit Tabelle:** Krankheitsanzeichen des Vogels erkennen.

■ **Im Überblick:** Die wichtigsten Informationen zur Versorgung des Tieres im Urlaub.

GU GRÄFE UND UNZER

ISBN 3-7742-3051-X
DM 14.90